El Código civil explicado para todos

Miquel A. García Esteve

EL CÓDIGO CIVIL
EXPLICADO
PARA TODOS

dve
PUBLISHING

A pesar de haber puesto el máximo cuidado en la redacción de esta obra, el autor o el editor no pueden en modo alguno responsabilizarse por las informaciones (fórmulas, recetas, técnicas, etc.) vertidas en el texto. Se aconseja, en el caso de problemas específicos —a menudo únicos— de cada lector en particular, que se consulte con una persona cualificada para obtener las informaciones más completas, más exactas y lo más actualizadas posible. EDITORIAL DE VECCHI, S. A. U.

© Editorial De Vecchi, S. A. 2018
© [2018] Confidential Concepts International Ltd., Ireland
Subsidiary company of Confidential Concepts Inc, USA
ISBN: 978-1-64461-143-2

Índice

INTRODUCCIÓN 11

EL DERECHO CIVIL 13
Orígenes y evolución del Código civil español 13
Las fuentes del Derecho 14
    La ley 14
    La costumbre 16
    Los principios generales 16
    La equidad 17
Aplicación y eficacia de las normas jurídicas 17
    Límites temporales de la eficacia de las normas 18
    Derogación tácita o expresa de la ley. 19
    La entrada en vigor de una norma nueva 19
    Las disposiciones transitorias del Código civil. 19
La interpretación de las normas 20

LA PERSONA. 21
Distinción entre la persona física y la persona jurídica 21
La persona física 21
    La capacidad jurídica y la capacidad de obrar 22
    La personalidad. 22
    El estado civil 24
    La nacionalidad. 25
    Los extranjeros 30
    El Registro civil 33

La persona jurídica 34
   Concepto y naturaleza jurídica 34
   Características de las personas jurídicas 34
   Clases de personas jurídicas 35

Bienes y cosas 37
Clasificación de los bienes 37
   Bienes inmuebles 37
   Bienes muebles 38
   Bienes de dominio público 40

La familia y el matrimonio 41
El Derecho de familia 41
   La filiación 41
   La patria potestad 42
   La adopción 43
   La tutela y el tutor 45
   La curatela 46
   El defensor judicial 46
El matrimonio 47
   El matrimonio canónico 47
   El matrimonio civil 47
   La capacidad 48
   Requisitos e impedimentos del matrimonio 48
   El matrimonio por poder 52
   Efectos del matrimonio 52
   La nulidad 52
La separación y el divorcio 53
   La separación conyugal 53
   El divorcio 57
El Régimen económico conyugal 60
   Régimen económico de gananciales 61
   Régimen de separación de bienes 61
   Régimen de participación en las ganancias 61
   Las capitulaciones matrimoniales 61

LAS OBLIGACIONES Y LOS CONTRATOS 63
El Derecho de obligaciones. 63
Los sujetos 63
El objeto 63
El cumplimiento 64
Elementos circunstanciales 64
Clases de obligaciones. 65
La extinción por cumplimiento de la obligación 68
El incumplimiento de las obligaciones. 70
Causas del incumplimiento 72
La responsabilidad civil. 73
El contrato 75
Modalidades contractuales 76
Contratos más comunes 83

LOS DERECHOS REALES 91
La propiedad 91
La posesión. 92
Sujetos de la posesión. 93
Objeto de la posesión 94
Pérdida de la posesión 94
El derecho de usufructo 95
Constitución y régimen 95
El usufructuario 96
La extinción del usufructo. 97
El derecho de servidumbre 97
Clases de servidumbre 98
Extinción de la servidumbre 98
El derecho de hipoteca 99
Hipoteca mobiliaria. 99
Créditos y préstamos hipotecarios. 99
Otros derechos reales 100

LA SUCESIÓN 103
Sistemas sucesorios. 103
El contenido de la herencia. 104

La sucesión *mortis causa* 105
    Concepto y clases 105
    Apertura de la sucesión 106
    Sucesión voluntaria y sucesión legal 106
    Sucesión universal y sucesión particular 107
El heredero 107
    Capacidad para suceder 108
    Incapacidad para suceder 109
    La indignidad 109
    Aceptación y repudiación de la herencia 109
La partición y la colación 112
    Legitimación para pedir y realizar la partición 112
    El acto particional 113
    Efectos de la partición 113
    La colación 114
La sucesión testada 115
    El testamento 115
    Clases de testamento 115
    La ineficacia de los testamentos 117
    Causas de nulidad del testamento 117
    La revocación del testamento 118
    El heredero 118
    Las sustituciones 121
    El legado 124
    La legítima 125
    La mejora 128
    La desheredación 130
La sucesión intestada o abintestato 131
    Supuestos de sucesión intestada 132
    El sistema sucesorio abintestato de nuestro Código civil. 132
    Orden de sucesión ante la falta de testamento 134

APÉNDICE

Modelos de documentos 141
    Aceptación de herencia 143

Contrato de arrendamiento de local de negocio 145
Escritura de capitulaciones matrimoniales. 149
Contrato de compraventa de piso 151
Contrato de obra o construcción. 153
Contrato de préstamo 157
Contrato de arras 161
Convenio regulador. 165
Contrato de subarrendamiento 168
Declaración de herederos abintestato 171
Escritura de hipoteca 174
Testamento 177

GLOSARIO 179

ÍNDICE ANALÍTICO 189

Introducción

El Derecho civil, pese a ser una materia que suele atribuirse a los juristas, académicos y profesionales del derecho, conviene que sea conocido por la mayoría de los ciudadanos en la medida en que reglamenta buena parte de las acciones que realizamos en nuestra vida cotidiana. Desde que nos levantamos por la mañana hasta que nos acostamos, está presente en nuestras actividades y nuestras relaciones con los demás: cuando subimos al autobús estamos suscribiendo un contrato de prestación de servicios; cuando dejamos el coche en el aparcamiento, suscribimos un contrato de depósito; si vivimos en una vivienda de alquiler, uno de arriendo; cuando vamos a comprar el pan, uno de compraventa y así por un largo etcétera.

Esta obra pretende mostrar a todos los lectores, y en particular a los que son ajenos al mundo de la jurisprudencia, una visión actualizada de aquellos aspectos más importantes de nuestro Código civil.

El Derecho civil es el eje principal de nuestro ordenamiento, a partir del cual van surgiendo las distintas ramas del Derecho. Ante un tema de tal envergadura, la mejor solución era compendiar la materia legal en capítulos específicos siguiendo dos premisas fundamentales: la claridad y el didactismo. Sabido es que los profesionales de la abogacía solemos emplear un lenguaje abstruso y cansino de leer, repleto de reiteraciones y arcaísmos. No es por capricho, ni tampoco por afectación. Los textos legales deben exponer sus disposiciones de la manera más concreta posible a fin de evitar ambigüedades que permitirían una interpretación y una aplicación equivocada e injusta de la ley. Como comprobará el lector a medida que vaya pasando las páginas, el estilo del libro es mucho menos recargado de lo que podía esperarse. Sin embargo, hemos de reconocer que en algunos pasajes dedicados al comentario de conceptos de cierta complejidad, ha habido que recurrir a las consabidas repeticiones y giros que nos caracterizan. Téngalo en cuenta el lector, lea más detenidamente tales fragmentos y discúlpenos si fuese necesario.

El Derecho civil

E l Derecho es un conjunto de reglas de conducta de las personas en sus relaciones con las demás, impuestas por el Estado a los ciudadanos.

En nuestro país emanan, en primer lugar, de la Constitución, que es la norma fundamental del Estado, en donde se recogen las libertades y derechos fundamentales de los ciudadanos y los principios básicos que deben regir en un Estado de derecho.

Orígenes y evolución del Código civil español

El Derecho civil atiende a la persona y a los ámbitos en que de una manera habitual esta suele desenvolverse (la familia, el matrimonio, las relaciones con otras personas, etc.).

Nuestro Código civil se inspiró en el Código napoleónico. Se divide en cuatro libros o partes: «Personas», «Propiedad», «Modos de adquisición de la propiedad» y «Obligaciones y contratos».

Las leyes han surgido como respuesta a la necesidad social de reglamentar ciertas situaciones, por lo que se impuso desde muy pronto la necesidad de publicar compilaciones de las leyes vigentes. Estos libros se denominaron *codex* o, con el paso del tiempo, *códigos*.

En España, tras la promulgación de la Constitución de 1876, se redactó un Código civil español, publicado en 1888, que todavía sigue vigente gracias a diversas modificaciones.

Ordenamiento jurídico español	
Derecho penal	De las personas
Derecho administrativo	De la propiedad
Derecho civil →	De las obligaciones y contratos
Derecho fiscal	Modos de adquirir la propiedad
Derecho laboral	Contratación
Derecho procesal	Donación
Derecho mercantil	Sucesión

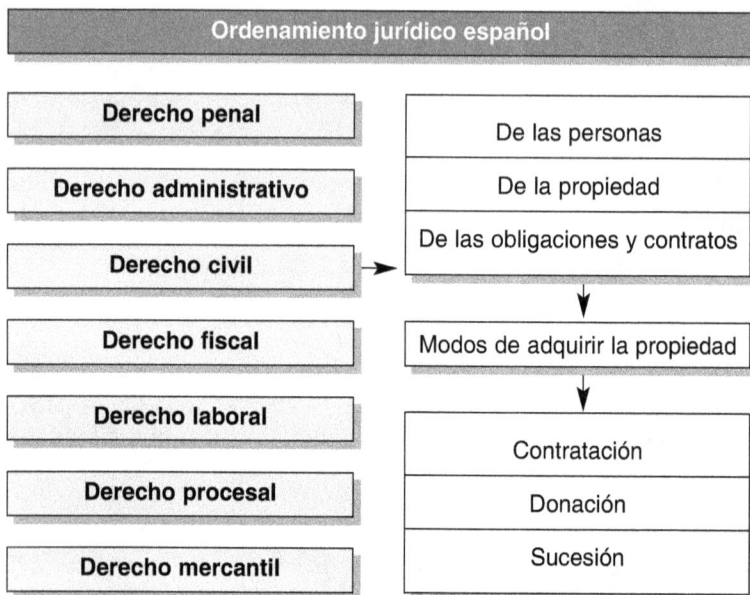

Algunas regiones, vinculadas a las nacionalidades históricas, poseían códigos y fueros propios. Desde un primer momento se decidió respetarlos y se consideró que el Código civil español se aplicaría como Derecho civil supletorio de todas las leyes.

Las fuentes del Derecho

Las fuentes del Derecho son la ley, la costumbre y los principios generales del Derecho.

La ley

La ley es aquella regla expresa con carácter vinculante para todos los ciudadanos, enunciada por quien tiene autoridad para legislar.

Desde un punto de vista jerárquico podemos distinguir:

— la Constitución, que es la ley de leyes;
— las leyes orgánicas, que regulan aspectos de la convivencia y las relaciones jurídicas, como por ejemplo los derechos fundamentales o el sistema electoral; para su aprobación en el Parlamento se requiere una mayoría mínima de tres quintas partes;
— la legislación ordinaria, dentro de la cual cabe distinguir la legislación delegada, cuando el Parlamento delega la ley al gobierno (ley de bases), y la legislación de urgencia, cuando por motivos de urgencia se promulga un decreto legislativo;
— las disposiciones de rango inferior a la ley, que son principalmente los reglamentos que vienen a desarrollar las leyes y permiten facilitar la aplicación de las mismas.

Asimismo, las comunidades autónomas, que también están dotadas de un poder legislativo representado por el parlamento y de otro ejecutivo, que recae en el gobierno, pueden dictar leyes y reglamentos en virtud de las competencias que les son propias según lo dispuesto en el artículo 9.3 de la Constitución.

Los tratados internacionales son normas jurídicas que, una vez celebrados y publicados en España, se integrarán en el ordenamiento interno, si bien no serán de aplicación directa en el territorio nacional hasta que hayan sido publicados en el *Boletín Oficial del Estado* (BOE). El tratado tiene fuerza vinculante en las relaciones entre España y el país en cuestión.

Cabe hacer especial hincapié en el Derecho comunitario europeo, en el que podemos distinguir el Derecho europeo originario, formado por los tratados constitutivos y el Derecho europeo derivativo, formado por todas las normas que se dictan, de las que podemos destacar:

— los reglamentos, constituidos por aquellas normas que son aplicables directamente a los estados miembros;
— las directivas, constituidas por aquellas normas dirigidas a los Estados miembros, pero que precisan de una normativa de adaptación para su aplicación.

La costumbre

La costumbre es la norma jurídica no escrita que surge de la actividad repetida de los ciudadanos. Es la segunda de las fuentes del ordenamiento, después de la ley. El artículo 1.3 del Código civil establece al respecto: «La costumbre sólo regirá en defecto de ley aplicable, siempre que no sea contraria a la moral o al orden público y que resulte probada». Debe cumplir dos requisitos para considerarla norma jurídica:

— que no sea contraria a la moral ni al orden público, lo cual significa que debe ser una costumbre con coherencia lógica, que no sea arbitraria ni irracional, sino coherente con la justicia y con los comportamientos humanos;
— que sea probada, en cuanto a las condiciones de aplicación, y sea usada y notoria, ya que debe tratarse de comportamientos externos, libres, públicos, repetidos, uniformes y generalizados que no sean obligados, sino espontáneamente realizados.

Se distinguen diversas clases:

— costumbre *contra legem*: es la existencia de una costumbre que va en contra de lo que establece la ley;
— costumbre *secundum legem*: la costumbre da una interpretación determinada a la regulación legal, e incluso la amplía;
— costumbre *praeter legem*: la costumbre no contradice a la ley, sino que va más allá de esta y regula una materia que no está contemplada.

Los principios generales

Según el artículo 1.4 de la Constitución, los principios generales del derecho se aplicarán en defecto de la ley y la costumbre. No existe una lista detallada de principios generales, sino que se consideran como tales los principios del derecho positivo y los del campo del derecho natural —como, por ejemplo, la idea de la justicia o la idea de hacer el bien. El Tribunal Supremo debe aceptar los principios generales que sean invocados. Los principales son la imposibilidad de que nadie vaya en contra de sus propios actos; la inadmisibilidad de que alguien se enriquezca a costa de otro sin justificación y la presuposición de buena fe.

La equidad

La equidad es la adecuación de la justicia a un caso concreto. De esta forma, aplicando el principio de equidad, se excluye la aplicación de las normas jurídicas positivas, con las que podrá resolverse un conflicto mediante el buen saber del juez.

Asimismo, hay que tener en cuenta que la jurisprudencia complementará el ordenamiento jurídico con la doctrina que de modo reiterado establezca el Tribunal Supremo al interpretar y aplicar la ley, la costumbre y los principios generales del derecho.

Aplicación y eficacia de las normas jurídicas

Las normas jurídicas surgen de la necesidad de un orden social: el ordenamiento ordena una conducta positiva de cumplimiento así como el deber de no interferir en los derechos ajenos. La consecuencia de la violación o infracción del deber jurídico es la sanción, entendida esta como sistema disuasorio para el cumplimiento de las normas.

Es importante destacar, tal y como señala nuestro Código civil en su artículo 6.1, que la ignorancia de la ley no exime de su cumplimiento.

El artículo 6.3 de nuestro Código civil establece que los actos contrarios a las normas imperativas y a las prohibitivas son nulos de pleno derecho, salvo que en ellos se establezca un efecto distinto para el caso de contravenirlos. Esto significa que serán nulos los ac-

Jerarquía de las normas

Constitución

Tratados
internacionales

Leyes orgánicas

Legislación ordinaria

Reglamentos

Costumbre

Principios generales del derecho

tos y los negocios jurídicos contrarios a las disposiciones imperativas o prohibitivas. De este modo, se niega su validez en cuanto tal y se invalidan todas las consecuencias jurídicas que pudiese tener.

En este mismo sentido, el artículo 6.4 establece que los actos realizados al amparo del texto de una norma que persigan un resultado prohibido por el ordenamiento jurídico, o contrario a él, se considerarán ejecutados en fraude de ley y no impedirán la debida aplicación de la norma que se hubiere tratado de eludir.

Límites temporales de la eficacia de las normas

Todas las leyes dejan de tener vigencia para que el ordenamiento jurídico avance y se adecue a la realidad social. Cuando aparece una ley, es aplicable y entra en vigor a los 20 días de su publicación en el *Boletín Oficial del Estado* (BOE). Dicha ley puede permanecer vigente o puede caer en desuso si los ciudadanos y la administración actúan como si no existiese.

Derogación tácita o expresa de la ley

El legislador debe admitir la derogación de las leyes y promulgación de otras nuevas para que el ordenamiento jurídico vaya evolucionando acorde con las necesidades sociales.

Las leyes sólo son derogables por leyes posteriores con igual rango o superior. Aquellas leyes caídas en desuso y que no se apliquen no quedarán derogadas hasta que otra lo haga tácita o expresamente.

Antes de derogar una ley hay que examinar los siguientes supuestos:

— que las normas traten de la misma materia;
— que una ley sea anterior y la otra posterior;
— que se hallen incompatibilidades.

La entrada en vigor de una norma nueva

Una vez derogada una ley por otra posterior, se plantea el problema de cuál será el alcance de la nueva ley y de la antigua, ya que al amparo de esta se han celebrado contratos, se han creado situaciones, han nacido y se han extinguido nuevos derechos, etc. Las leyes nuevas sólo tienen efectos al porvenir, no son retroactivas (principio de irretroactividad de la ley). El artículo 2.3 del Código civil establece que las leyes no tendrán efecto retroactivo si no dispusieren lo contrario.

Las disposiciones transitorias del Código civil

Son normas vigentes supletorias en relación con las sucesivas reformas del Código civil, y se aplican durante el periodo de transición entre la derogación de la antigua ley y la entrada en vigor de la nueva.

La interpretación de las normas

Interpretar las leyes supone averiguar su sentido y alcance. Esta labor, a pesar de que puede parecer bastante sencilla, no lo es tanto. Cabe distinguir diversos tipos de interpretación:

— la interpretación auténtica: la hace el propio legislador aclarando e interpretando la ley que él mismo ha redactado;
— la interpretación judicial: es la que realiza el juez o tribunal;
— la interpretación doctrinal: es la realizada por los teóricos.

Por su modo, la interpretación puede ser:

— la interpretación literal;
— la interpretación extensiva (con matizaciones);
— la interpretación restrictiva.

El artículo 3.1 del Código civil estipula que las normas se interpretarán según el sentido propio de sus palabras, en relación con el contexto, los antecedentes históricos legislativos y la realidad social del tiempo en que han de ser aplicadas, atendiendo fundamentalmente al espíritu y finalidad de aquellas. Por lo tanto, como criterios interpretativos cabe distinguir los siguientes:

— el sentido propio de sus palabras;
— el elemento sistemático (en relación con el contexto);
— los antecedentes históricos y legislativos;
— la realidad social;
— el sentido según el espíritu y la finalidad de las normas.

La persona

Todos los hombres y mujeres están sujetos a derechos. Sin embargo, además de los seres humanos, la ley también prevé que puedan serlo las personas jurídicas; esto es, los grupos y asociaciones que cumplan ciertos requisitos.

Distinción entre la persona física y la persona jurídica

Nuestro ordenamiento jurídico distingue entre persona física y persona jurídica. Las dos son sujetos de derecho y por tanto titulares de derechos y deberes. Dicho de otro modo, el individuo por naturaleza tiene la condición de persona, la capacidad jurídica le es innata, mientras que la persona jurídica es sujeto de derecho en cuanto le atribuye el ordenamiento jurídico.

La persona física

La condición de ser humano presupone ser titular de derechos. Para ello no es necesario que la persona tenga uso de razón, ni que tenga una voluntad e inteligencia desarrolladas, pues la mera pertenencia al género humano le otorga diversos derechos y obligaciones. Esta capacidad jurídica debe distinguirse de la que le permite gobernar y ejercer los derechos que ostenta (capacidad de obrar).

La capacidad jurídica y la capacidad de obrar

La capacidad jurídica es la aptitud para ser sujeto de derechos y obligaciones que tiene toda persona por el hecho de existir. Sin embargo, la capacidad de obrar permite hacer uso de esos derechos y obligaciones de los que se es titular.

La capacidad de obrar, a diferencia de la capacidad jurídica, no es igual en todas las personas. Todo dependerá de la aptitud de cada uno para regir su persona y sus bienes. De este modo, la capacidad de obrar del recién nacido es nula mientras la capacidad de obrar de un anciano puede verse disminuida para según qué actos y negocios jurídicos.

La personalidad

Como hemos visto, la personalidad, en sentido jurídico, es la capacidad para ser titular de derechos. Nuestro Código civil contempla la adquisición y extinción de la personalidad de los seres humanos.

EL NACIMIENTO

Desde el momento en que el feto se desprende del cordón umbilical, el nacido adquiere capacidad jurídica. El artículo 29 establece que el nacimiento determina la personalidad. Sin embargo, para los efectos civiles, sólo se reputará nacido el feto que tuviera figura humana y viviere 24 horas desprendido del seno materno. Este requisito sólo afecta al derecho sucesorio, ya que de este modo se evita que los derechos a la herencia se modifiquen al nacer un niño que no puede seguir viviendo.

LA EXTINCIÓN

El artículo 32 del Código civil regula la extinción de la persona física, ya que establece que la personalidad civil se extingue por la muerte de las personas. En dicho momento la persona deja de ser titular de derechos y obligaciones y se abre la sucesión de sus bienes, ya que el patrimonio se convierte en herencia.

El fallecimiento se inscribe en el Registro civil mediante la declaración de quien haya tenido conocimiento de él y deberá estar acompañada del correspondiente certificado médico de defunción.

LA INCAPACITACIÓN

La persona tiene plena capacidad de obrar a partir de la mayoría de edad. Dicha capacidad puede verse limitada como sistema de pro-

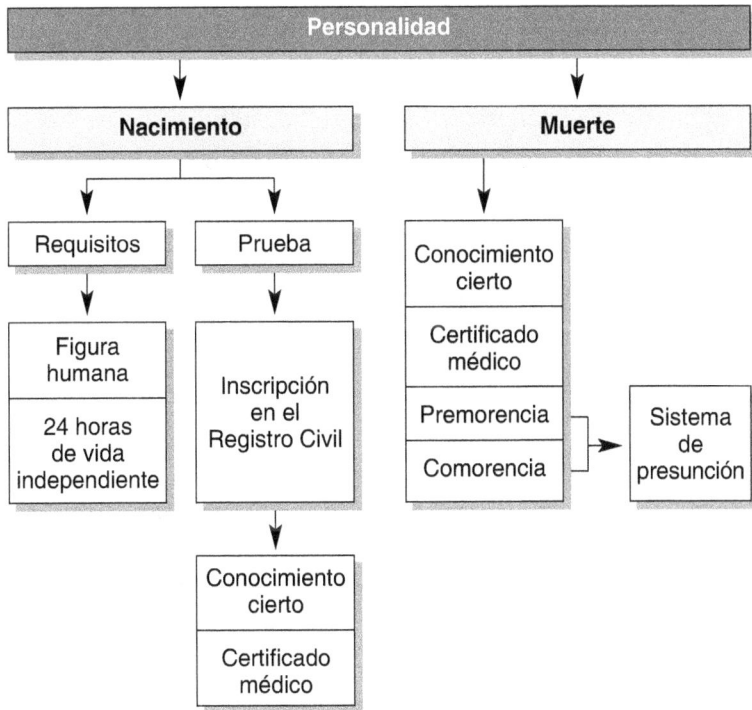

```
                        Personalidad
                   │                        │
                   ▼                        ▼
              Nacimiento                  Muerte
            │            │                  │
            ▼            ▼                  ▼
        Requisitos     Prueba        Conocimiento
            │            │              cierto
            ▼            ▼
         Figura                       Certificado
         humana                         médico
                      Inscripción
        24 horas        en el        Premorencia ─┐
        de vida      Registro Civil               ├─► Sistema
      independiente                  Comorencia  ─┘     de
                         │                           presunción
                         ▼
                    Conocimiento
                      cierto

                    Certificado
                      médico
```

tección de la propia persona o, en ciertos casos, de la sociedad. Las circunstancias limitativas de la capacidad de obrar son dos: la minoría de edad y el trastorno mental que impida a la persona gobernarse por sí misma. En este último caso, es necesario llevar a cabo un proceso de incapacitación ante el juez.

El estado civil

Cabe considerar como estados civiles los de familia (matrimonio y filiación), la nacionalidad y vecindad civil, así como las situaciones generales de capacidad, tales como la minoría y la mayoría de edad o la incapacitación. En nuestro ordenamiento jurídico no existe una definición de estado civil; sólo se dispone que los actos concernientes al estado civil de las personas se harán constar en el registro destinado al efecto.

Inscripción en el Registro civil

Los estados civiles determinan situaciones duraderas cuya comprobación interesa al poder público y a terceros, por lo que debe asegurarse mediante la inscripción obligatoria en el Registro civil.

La identificación de la persona: el nombre

El nombre es el apelativo mediante el cual se individualiza y se distingue a una persona de las demás. Actualmente, a los sujetos de filiación conocida se les asigna un nombre y los apellidos de la familia, que deben ser el paterno y el materno, según dispone el artículo 53 de la Ley del Registro civil. El uso de su apellido es un deber legal cuya infracción está penada por la ley y tipificado en el Código penal como usurpación de personalidad. El nombre es inalienable y queda fuera de la esfera del comercio, a diferencia de los nombres de las empresas y los nombres comerciales.

ADQUISICIÓN Y MODIFICACIÓN DEL NOMBRE

El nombre propio

La asignación corresponde a quienes ostentan la patria potestad. Cuando existe discrepancia entre los padres para poner un nombre a su hijo prevalece el nombre impuesto por la madre. El nombre puede ser doble o compuesto, y debe ser distinto del de los otros hermanos vivos.

Los apellidos

Están determinados por la filiación. Son dos: primero el del padre y en segundo lugar el de la madre. Si la filiación sólo está determinada respecto a un progenitor, el hijo toma los dos apellidos de este, pudiendo invertir el orden para evitar una incomodidad social, aunque alcanzada la mayoría de edad, el hijo puede solicitar lo contrario. Si legalmente no están determinados los progenitores, el encargado del registro impondrá al nacido unos apellidos de uso corriente.

La modificación o cambio de apellidos que constan en el Registro civil, cuando no respondan a un cambio de filiación, requiere autorización del juez de primera instancia para los casos más simples y del Ministerio de Justicia en los demás casos.

La nacionalidad

La nacionalidad establece la pertenencia por nacimiento a un grupo étnico, considerado como nación o Estado.

La nacionalidad condiciona la participación de las personas en la gestión de los asuntos públicos de un Estado.

CRITERIOS DE ATRIBUCIÓN

La Constitución española establece que la nacionalidad española se adquiere, se conserva y se pierde de acuerdo con lo establecido por la ley; ningún español de origen podrá ser privado de su nacionalidad.

Nacionalidad
De origen
Por adopción
Por opción
Por carta de naturaleza
Por residencia

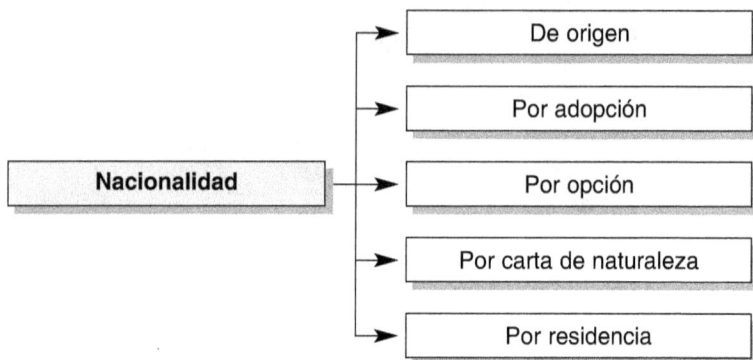

El ordenamiento español distingue entre la adquisición originaria, por nacimiento, y la derivativa, obtenida con posterioridad.

En España adquieren la nacionalidad las siguientes personas:

— los nacidos de padre o madre españoles;
— los nacidos en España de padres extranjeros si, al menos, uno de ellos hubiera nacido también en España;
— los nacidos en España de padres extranjeros si ambos carecieren de nacionalidad o si la legislación de ninguno de ellos atribuye al hijo una nacionalidad;
— los nacidos en España cuya filiación no resulte determinada.

Una persona extranjera menor de 18 años adoptada por un español adquiere la nacionalidad española de origen.

Cuando la nacionalidad española se obtiene con posterioridad al nacimiento, se habla de adquisición derivativa o sobrevenida.

ADQUISICIÓN DE LA NACIONALIDAD POR CARTA DE NATURALEZA

Significa que el gobierno tiene la potestad de otorgar la nacionalidad de forma discrecional, aunque en cierto modo vinculada, cuando concurran en el peticionario circunstancias excepcionales que justifiquen tal concesión. Para adquirir la nacionalidad por carta de naturaleza se tendrán en cuenta las circunstancias personales, culturales, políticas y sociales del solicitante.

ADQUISICIÓN DE LA NACIONALIDAD POR RESIDENCIA

La nacionalidad también se adquiere por residencia. Frente a la concesión de la nacionalidad por carta de naturaleza, cuyo carácter discrecional es más relevante, la concesión por residencia aparece sometida a un régimen reglado que deja un menor margen al juicio político, que en este caso recaerá exclusivamente sobre las razones de orden público o interés nacional que justificarían su denegación. La persona residente en España deberá cumplir con los siguientes requisitos determinados en la ley:

— capacidad;
— residencia en España legal y continuada;
— buena conducta cívica;
— suficiente grado de integración en la sociedad.

En primer término, y con carácter general, se mantiene el plazo de residencia de diez años, exigido tradicionalmente por nuestro ordenamiento a aquellos extranjeros que no tienen una especial vinculación con España, salvo la derivada de su residencia en el país (artículo 22). Dicho plazo se reduce a cinco años de residencia cuando el interesado tenga la condición de asilado o refugiado conforme la Ley reguladora del Asilo y Refugio.

Asimismo, se reduce el plazo a dos años para los originarios de países iberoamericanos, Andorra, Filipinas, Guinea Ecuatorial, Portugal, así como para los judíos sefardíes.

Por último, se reduce el plazo de residencia a un año para aquellas personas:

— que hayan nacido en territorio español;
— que en su día no hubieran ejercido la facultad de optar por la nacionalidad española;

— que hayan estado sujetos legalmente a la tutela, guarda o acogimiento de un ciudadano o institución españoles durante dos años consecutivos;
— que en el momento de su solicitud llevasen un año casadas con un español o española;
— que hubiesen nacido fuera de España de padre o madre de origen español.

En todos los casos la residencia habrá de ser legal, continuada e inmediatamente anterior a la petición.

PÉRDIDA Y RECUPERACIÓN DE LA NACIONALIDAD

La pérdida de la nacionalidad puede producirse por un deseo voluntario de un ciudadano español o bien como una sanción administrativa impuesta por el Estado (artículo 24).

Pierden voluntariamente la nacionalidad española los españoles emancipados que renuncien expresamente a ella, si tienen otra nacionalidad y residen habitualmente en el extranjero, con excepción de situaciones de guerra, en cuyo caso no se perdería la nacionalidad.

Asimismo, pierden la nacionalidad española los emancipados que, residiendo habitualmente en el extranjero, adquieran de manera voluntaria otra nacionalidad o utilicen exclusivamente la nacionalidad extranjera que tuvieran atribuida antes de la emancipación. La pérdida se producirá cuando transcurran tres años a contar, respectivamente, desde la adquisición de la nacionalidad extranjera o desde la emancipación.

Por el contrario, pierden la nacionalidad española fruto de una sanción administrativa, y no por su propio deseo:

— aquellos españoles sobre los que recaiga la condena de pérdida de la nacionalidad española, conforme a lo establecido en las leyes penales;
— aquellos españoles que estén al servicio de un ejército extranjero o ejerzan cargo político en un estado extranjero contra la prohibición expresa del gobierno.

La pérdida de la nacionalidad española no es un hecho irreversible. Los españoles que la hayan perdido pueden recuperarla siempre que cumplan los siguientes requisitos (artículo 25):

— ser residente legal en España;
— declarar ante el encargado del Registro Civil su voluntad de recuperar la nacionalidad española y su renuncia;
— inscribir la recuperación en el Registro Civil.

LA DOBLE NACIONALIDAD

El Estado español tiene concertados tratados de doble nacionalidad con los países iberoamericanos o con aquellos con los que existe una especial vinculación con España. En consecuencia, un súbdito español podrá adquirir la nacionalidad filipina, argentina, etc. sin tener que, obligatoriamente, renunciar y perder la nacionalidad española; y del mismo modo un súbdito filipino podrá adquirir la nacionalidad española sin renunciar a la suya.

LA VECINDAD CIVIL

La vecindad civil determina a qué régimen legal queda sometida una persona.

Desde el momento que nacemos, se nos atribuye la vecindad civil de nuestros padres, cuando el padre y la madre tienen la misma, para propiciar la unidad familiar. Sin embargo, el cambio de vecindad de los padres no tiene por qué afectar a los hijos, quienes podrán cambiarla si lo desean en el caso de que contraigan matrimonio con una persona que posea un régimen distinto al suyo.

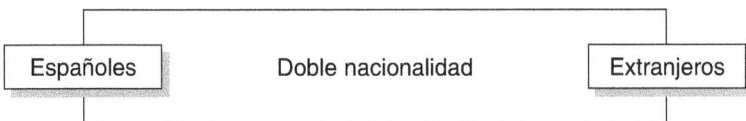

| Españoles | Doble nacionalidad | Extranjeros |

Los extranjeros

El artículo 13 de la Constitución española dispone que los extranjeros gozarán de las libertades públicas en los términos que establezcan los tratados y la ley.

Los extranjeros tienen reconocidos el derecho de igualdad con los españoles; esto es, la libertad de circulación, reunión y manifestación, el derecho a la educación, al trabajo, a la asistencia sanitaria, a los servicios sociales y a la Seguridad Social así como al reagrupamiento familiar.

Los extranjeros tienen derecho a la tutela judicial efectiva y a la asistencia jurídica gratuita.

A partir de la entrada en vigor de la Ley Orgánica 4/2000, de 11 de enero, sobre Derechos y Libertades de los Extranjeros en España, se ha reconocido el derecho a la asistencia sanitaria de todos los extranjeros que en España, sean legales o no. Así, todos los inmigrantes tendrán derecho a la atención sanitaria de urgencia. Cuando dichos inmigrantes sean menores y embarazadas, deberán ser atendidos plenamente.

Sólo los inmigrantes residentes tienen derecho a todas las prestaciones sociales y los servicios de la Seguridad Social. Los inmigrantes residentes en España están sujetos al cumplimiento de las obligaciones tributarias y al mismo régimen impositivo que los españoles.

Régimen de entrada y salida

El extranjero que pretenda entrar en España deberá hacerlo por los puestos fronterizos poseer el pasaporte o documento de viaje que acredite su identidad, el visado y acreditar medios de vida suficientes para el tiempo que pretenda permanecer en España. Hay que tener en cuenta, sin embargo, que no será preciso el visado cuando el extranjero sea titular de una autorización de residencia en España, o de un documento análogo que le permita la entrada en territorio español.

Dicha documentación no será de aplicación a los extranjeros que soliciten acogerse al derecho de asilo al entrar en España.

Asimismo, se podrá autorizar la entrada de los extranjeros que no reúnan los requisitos establecidos cuando existan razones excepcionales de índole humanitaria e interés público.

No podrán entrar en España, ni obtener un visado para tal fin, los extranjeros que hayan sido expulsados mientras dure la prohibición de entrada, así como aquellos que tengan prohibida la entrada en algún país con el que España tenga firmado convenio en tal sentido.

A los extranjeros que no cumplan los requisitos establecidos, les será denegada mediante resolución motivada, con información acerca de los recursos que puedan interponer.

Permiso de residencia

Si un extranjero pretendiera permanecer en España más de 90 días (límite de la estancia) deberá obtener un permiso de residencia.

Debemos distinguir la situación de residencia temporal y la de residencia permanente.

Residencia temporal

La situación de residencia temporal es la situación que autoriza a un extranjero a permanecer en España por un periodo superior a 90 días e inferior a cinco años. Las autorizaciones de duración inferior a los cinco años podrán prorrogarse si concurren circunstancias análogas a las que motivaron su concesión.

El permiso de residencia se concederá si se acredita lo siguiente:

— disponer de medios de vida suficientes para atender los gastos de manutención y estancia de su familia sin necesidad de realizar actividad económica por cuenta propia;
— realizar una actividad lucrativa por cuenta propia habiendo solicitado para ello las licencias o permisos correspondientes;
— tener una oferta de contrato de trabajo en regla.

PERMISO DE RESIDENCIA PERMANENTE

La residencia permanente autoriza a residir en España indefinidamente y trabajar en igualdad de condiciones que los españoles. Tienen derecho a ella quienes hayan tenido residencia temporal durante cinco años.

Los extranjeros que carezcan de documentación personal y acrediten que el país de su nacionalidad no le reconoce la misma, podrán ser documentados con una tarjeta de identidad.

Asimismo, quienes sean acogidos en España por razones humanitarias o a consecuencia de un acuerdo o compromiso internacional, así como los que tuviesen reconocida la condición de refugiado, obtendrán la correspondiente autorización de residencia.

PERMISO DE TRABAJO

El permiso de trabajo es necesario para realizar en España una actividad lucrativa por cuenta ajena. Los extranjeros mayores de 16 años que deseen ejercerla deberán obtenerlo.

Para la concesión del permiso de trabajo en el caso de trabajadores por cuenta ajena, se considerará la situación nacional de empleo. El permiso tendrá una duración inferior a cinco años y podrá limitarse a un determinado territorio, sector o actividad. Asimismo, podrá renovarse a su expiración si persiste o se renueva el contrato u oferta de trabajo que motivaron su concesión inicial.

LA EXPULSIÓN

La salida será obligatoria en los siguientes supuestos:

— expulsión del territorio español por orden judicial según los casos previstos en el Código penal;
— expulsión o devolución acordadas por resolución administrativa;
— denegación administrativa de las solicitudes formuladas por el extranjero para continuar permaneciendo en territorio español.

El Registro civil

En el Registro civil se inscriben los hechos concernientes al estado civil de las personas y aquellos otros que establece la ley. Entre otros hechos inscribibles cabe destacar los siguientes:

— el nacimiento;
— la filiación;
— el matrimonio;
— el nombre y los apellidos;
— la emancipación;
— las modificaciones judiciales de la capacidad de las personas;
— la defunción;
— las declaraciones de ausencia o fallecimiento;
— la nacionalidad y vecindad;
— la patria potestad, tutela y demás representaciones.

ORGANIZACIÓN

El Registro civil depende del Ministerio de Justicia a través de la Dirección General de los Registros y del Notariado, y está integrado por los registros central, municipales y consulares.
    Se divide en cuatro secciones, que se llevarán en libros distintos:

— Nacimientos y general;
— Matrimonios;
— Defunciones;
— Tutelas y representaciones legales.

VALOR JURÍDICO DEL REGISTRO CIVIL

La inscripción del Registro civil está dotada de verdad oficial de los hechos. Su eficacia jurídica no se limita al de un medio de prueba usual, sino que goza de una presunción de veracidad y constituye un medio de prueba privilegiado

La persona jurídica

Concepto y naturaleza jurídica

La persona jurídica puede definirse como aquella organización social configurada por un grupo de individuos a la que se dota de personalidad jurídica propia y, en consecuencia, se convierte en titular de derechos y obligaciones, al igual que una persona física. En cualquiera de los casos, la atribución o negación de la personalidad jurídica depende de la decisión del legislador de reglamentar el régimen de las diferentes organizaciones.

Características de las personas jurídicas

En primer lugar, la persona jurídica adquiere su personalidad mediante su constitución, que normalmente requerirá la intervención de una autoridad pública, como el notario, y la inscripción en el registro correspondiente. Además, ostentará la titularidad de derechos y obligaciones en función de las normas reguladoras y los estatutos que hayan sido acordados por sus integrantes en el momento de su constitución.

Las personas jurídicas poseen un domicilio social distinto del domicilio de las personas que las integran o dirigen. Suele requerirse que en el acto constitutivo de la organización ya se especifique el domicilio de la misma.

La persona jurídica posee una nacionalidad que normalmente vendrá determinada por el lugar de constitución, su domicilio y por el lugar donde ejerza su actividad.

Como hemos dicho, las personas jurídicas gozan de capacidad jurídica; también gozan de capacidad procesal para comparecer en juicio como demandantes o demandados.

Para su gobierno, las personas jurídicas poseen bienes propios que integran su patrimonio, y que están completamente separados de los patrimonios personales de los miembros integrantes de la asociación.

Clases de personas jurídicas

El Código civil clasifica a las personas jurídicas atendiendo a diversos criterios, dentro de los que cabe destacar a las personas jurídicas públicas y las personas jurídicas privadas. Las primeras corresponden al derecho público y las segundas al derecho privado.

PERSONAS DE DERECHO PÚBLICO

Dentro de las personas jurídicas públicas, aludidas por el Código civil bajo el término genérico de *corporaciones*, se integran las administraciones públicas de base territorial. Todas ellas se regulan por las leyes que las hayan creado o reconocido. Son las siguientes:

— el Estado;
— las comunidades autónomas y los municipios;
— las reales academias;
— las cámaras oficiales;
— los colegios profesionales;
— las cofradías;
— las universidades públicas;
— entes autónomos no corporativos.

Todas se regulan por las leyes que las han creado o reconocido.

PERSONAS DE DERECHO PRIVADO

Las personas jurídicas privadas se crean por iniciativa de los particulares en el ejercicio de su libre autonomía y voluntad. Cabe distinguir dos grupos de personas jurídicas privadas: las asociaciones en sentido amplio y las fundaciones.

Al margen de esta clasificación existen organizaciones eclesiásticas y religiosas que gozan de especial régimen jurídico, que viene establecido entre los acuerdos entre el Estado y las correspondientes confesiones religiosas y sus normas de gobierno.

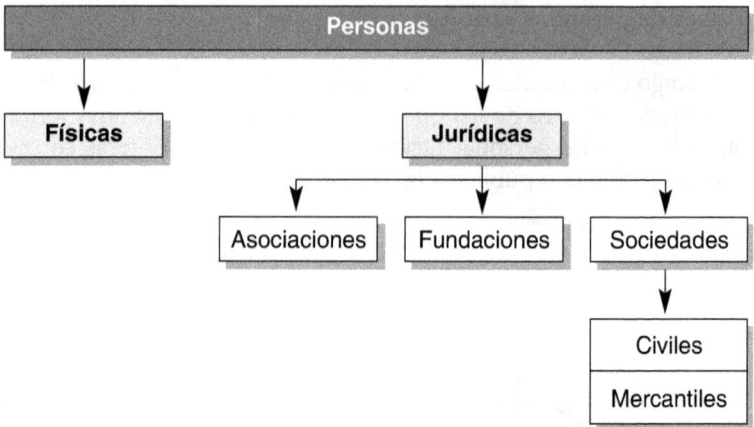

Bienes y cosas

E l Código civil establece que todas las cosas que son o pueden ser objeto de apropiación se consideran como bienes muebles o inmuebles.

Clasificación de los bienes

Bienes inmuebles

Los bienes inmuebles son los situados de forma fija y no son susceptibles de traslado. Ocupan un lugar invariable en el espacio y no pueden moverse del lugar en el que están sitos.

El artículo 334 del Código civil recoge los diferentes tipos de bienes inmuebles. Son los siguientes:

— las tierras, edificios, caminos y construcciones de todo género adheridas al suelo;
— los árboles y plantas y los frutos pendientes mientras estuvieran unidos a la tierra o formaren parte integrante de un inmueble;
— todo lo que esté unido a un inmueble de una manera fija, de suerte que no pueda separarse de él sin quebrantamiento de la materia o deterioro del objeto;
— las estatuas, relieves, pinturas u otros objetos de uso u ornamentación, colocados en edificios o parcelas por el dueño del

inmueble de tal forma que revele el propósito de unirlos de un modo permanente al fundo;

— las máquinas, vasos, instrumentos o utensilios destinados por el propietario de la finca a la industria o explotación que se realice en un edificio o hacienda, y que directamente concurran a satisfacer las necesidades de la explotación misma;

— los viveros de animales, palomares, colmenas, estanques de peces o criaderos análogos, cuando el propietario los haya colocado o los conserve con el propósito de mantenerlos unidos a la finca, y formando parte de ella de un modo permanente;

— los abonos destinados al cultivo de un terreno, que estén en las tierras donde hayan de utilizarse;

— las minas, canteras y escoriales, mientras su materia permanece unida al yacimiento, y las aguas vivas o estancadas;

— los diques y construcciones que, aun cuando sean flotantes, estén destinados por su objeto y condiciones a permanecer en un punto fijo de un río, lago o costa;

— las concesiones administrativas de obras públicas y las servidumbres y demás derechos reales sobre bienes inmuebles.

Bienes muebles

Se reputan bienes muebles los susceptibles de apropiación que no sean inmuebles, y todos los que se pueden transportar sin menoscabo de la cosa inmueble a que estuvieran unidos.

Se considerarán bienes muebles ciertos derechos como son las rentas o pensiones, sean vitalicias o hereditarias, afectas a una persona o familia, siempre que no graven una cosa inmueble.

En los bienes muebles podemos distinguir las cosas consumibles y las cosas no consumibles. El ordenamiento las distingue por su utilidad. Sin embargo, el Código civil comete un grave error al hablar de las cosas consumibles y no consumibles, ya que su artículo 337 dice que los bienes muebles son fungibles o no fungibles y no pueden consumirse, e induce a pensar que ambos conceptos son similares, o al menos equivalentes, cuando no lo son.

COSAS FUNGIBLES Y NO FUNGIBLES

Debemos entender que una cosa es fungible cuando es sustituible. El dinero es por naturaleza fungible. Lo mismo nos da que nos den 10.000 ptas. en un billete, que nos den diez billetes de 1.000 ptas. Esta capacidad de que las cosas sean sustituidas por otras ha sido recogida en el artículo 1.740 del Código civil, donde se establece que mediante un contrato una persona puede entregar a otra una cosa no fungible (comodato) o una cosa fungible (préstamo). Un concepto próximo al de fungible y no fungible es el de cosas genéricas o específicas.

Con frecuencia tenemos en cuenta las cosas específicas y con menos frecuencia las cosas genéricas. Esta distinción es importante desde el punto de vista económico o jurídico. Si una persona se compromete a entregar un coche determinado (cosa específica) y por la noche lo queman, desaparece la obligación de entregarlo porque ese coche ya no existe. Sin embargo, si una persona se compromete a entregar a otra un lote de productos (por ejemplo, cincuenta balas de algodón), si este desaparece, habrá que adquirir otro lote nuevo, pues el préstamo o cesión afectaba a una cosa genérica.

COSAS DIVISIBLES E INDIVISIBLES

En el sentido de la utilidad social, el ordenamiento jurídico establece la distinción entre cosas que no pueden dividirse y cosas que sí pueden dividirse siempre y cuando se consideren como genéricas. Por ejemplo, si se divide una finca en fincas más pequeñas puede servir también para cultivar al igual que la finca inicial.

Por ello, antes de proceder a la división de las cosas hay que tener en cuenta su naturaleza. Sin embargo, también debe prestarse atención a la utilidad y a los intereses económicos propios de cada cosa.

Con frecuencia nos encontramos con objetos del derecho que proceden de otros, tal como ocurre con los frutos.

El ordenamiento jurídico se da cuenta de que no todos los frutos se generan de la misma manera. Hay frutos que surgen espontáneamente y a los que se denomina *naturales*. Según el artículo 355 del Código civil, los frutos naturales son «las producciones espontáneas de la tierra y las crías y demás productos de los animales».

Otros frutos, si bien son producto de la naturaleza, se desarrollan gracias a la intervención del hombre. Los frutos del cultivo o del trabajo —como, por ejemplo, el trigo—, se denominan *industriales*.

Por último, también existen los frutos civiles, como la renta del alquiler de los edificios, el precio del arrendamiento de las tierras y el importe de las rentas perpetuas, vitalicias u otras análogas.

Bienes de dominio público

Según el artículo 339 del Código civil, se consideran bienes de dominio público los siguientes:

— los caminos, canales, ríos, torrentes, puertos y puentes construidos por el Estado, las riberas, playas, y análogos;

— los que pertenecen privativamente al Estado, sin ser de uso común, y están destinados a algún servicio público o al fomento de la riqueza nacional, como las murallas, fortalezas y demás obras de defensa del territorio, y las minas, mientras que no se otorgue su concesión.

La enumeración, como puede verse, es muy general, ya que no existe una categoría fija de bienes de dominio público.

El artículo 332 de la Constitución española señala que la ley «regulará el régimen jurídico de los bienes de dominio público y de los comunales, inspirándose en los principios de inalienabilidad, imprescriptibilidad e inembargabilidad, así como su desafectación». Además, añade: «Son bienes de dominio público estatal los que determine la ley y, en todo caso, la zona marítimo-terrestre, las playas, el mar territorial y los recursos naturales de la zona económica y la plataforma continental».

Por otra parte, nuestro Código civil entiende que no todos los bienes de los entes territoriales son de dominio público. El artículo 345 manfiesta que los bienes patrimoniales que les pertenecen son de propiedad privada.

La familia y el matrimonio

L a familia es un fenómeno tan antiguo como la humanidad misma; es un hecho connatural al hombre. En la historia la familia aparece como una comunidad que, creada por el matrimonio, está compuesta, al menos, por progenitores y procreados si bien pueden participar en ella otras personas, unidas o no por lazos de sangre.

El Derecho de familia

Las relaciones familiares, como son la constitución del matrimonio, la paternidad, las relaciones personales y patrimoniales entre cónyuges y entre padres e hijos, constituyen, pues, al ser regulados por el Derecho, el núcleo del Derecho de familia propiamente dicho. A él se añaden las relaciones entre parientes de grado más lejano, que componen la familia en sentido amplio. Dentro del Derecho de familia está comprendida la institución de la guarda de los menores no sometidos a la autoridad paterna y de los incapacitados, llamada *tutela*.

La filiación

La filiación es la determinación, con efectos jurídicos, de la procedencia de una persona respecto a sus progenitores. Dichos efectos tienen importantes implicaciones en la moral y en el patrimonio. La filiación puede tener lugar por naturaleza o por adopción. Dentro de la filiación por naturaleza se distingue entre filiación matrimonial y filiación no matrimonial.

Se dice que la filiación es matrimonial (también llamada *legítima*) cuando el padre y la madre están casados entre sí. Los demás supuestos de filiación por naturaleza pertenecen a la modalidad no matrimonial. Ahora bien, tanto una como otra, así como la que se realiza por adopción plena, producen los mismos efectos. De hecho, en todas se da la cesión de apellidos al hijo, quien puede cambiar su orden si lo desea cuando cumpla la mayoría de edad.

Desde un punto de vista patrimonial, la filiación entraña la obligación de entregar alimentos a los hijos menores de edad. Este deber es independiente de que los obligados ostenten la patria potestad sobre el hijo beneficiario del derecho a recibir alimentos.

La patria potestad

Son las facultades que la ley reconoce a los padres para que cumplan el deber de alimentar, educar e instruir a sus hijos en la medida de sus posibilidades. Aunque la patria potestad implica un poder, es fundamentalmente un deber. Su normativa permite regular las relaciones entre padres e hijos de la manera más acorde y se ejercitará siempre en beneficio de los hijos, de acuerdo con su personalidad. Comprende esencialmente las siguientes obligaciones:

— velar por ellos;
— tenerlos en su compañía;
— alimentarlos adecuadamente;
— educarlos y procurarles una formación integral;
— representarlos y administrar sus bienes.

En el ejercicio de la patria potestad, los padres podrán recabar el auxilio de la autoridad y corregir razonable y moderadamente a los hijos. Los hijos a su vez deben respetar siempre a los padres, y contribuir equitativamente, según sus posibilidades, al levantamiento de las cargas de la familia mientras convivan con ella. Si los hijos tuvieran suficiente juicio, su opinión será tenida en cuenta. Están sometidos a la patria potestad los hijos no emancipados. La patria potestad se ejerce conjuntamente por ambos progenitores o por uno solo con el consentimiento expreso o tácito del otro. Si los padres viven separados, ejercerá la patria potestad el progenitor con el que conviva el hijo (artículos 154, 155 y 156).

La adopción

Se trata del negocio jurídico por el que una persona *(adoptante)* deviene emparentada con otra *(adoptada)* y se establecen entre ambas unas relaciones prácticamente equiparables a las paterno-filiales. El adoptante ha de hallarse en el ejercicio de todos sus derechos civiles.

El hijo adoptivo tiene los mismos derechos y obligaciones que el hijo por naturaleza. La adopción genera el parentesco entre el adoptante, el adoptado, sus descendientes y la familia del adoptante. La adopción le confiere, además, la patria potestad sobre el adoptado menor de edad.

A causa de las adopciones internacionales, nuestro ordenamiento también aborda la regulación de esta adopción de niños extranjeros por parte de padres españoles.

REQUISITOS PARA LA ADOPCIÓN

Según la citada Ley Orgánica del 15 de enero de 1996, los adoptantes deben cumplir con los siguientes requisitos:

a) La adopción requiere que el adoptante sea mayor de 25 años. En la adopción por ambos cónyuges basta que uno de ellos haya alcanzado dicha edad. En todo caso, el adoptante habrá de tener por lo menos 14 años más que el adoptado.

b) Podrá adoptarse excepcionalmente un mayor de edad o un menor emancipado cuando inmediatamente antes de la emancipación hubiere existido una situación no interrumpida de acogimiento o convivencia, iniciada antes de que el adoptando hubiere cumplido los 14 años.

c) No puede adoptarse a un descendiente, a un pariente en segundo grado de la línea colateral por consanguinidad o afinidad, o a un pupilo por su tutor hasta que haya sido aprobada definitivamente la cuenta general justificada de la tutela.

d) La adopción se constituye por resolución judicial, que tendrá en cuenta siempre el interés del menor adoptado y la idoneidad del adoptante para el ejercicio de la patria potestad.

e) Para iniciar el expediente de adopción es necesaria la propuesta previa de la entidad pública relativa a la idoneidad del adoptante. No obstante, no se requiere la propuesta cuando en el menor adoptado concurre alguna de las circunstancias siguientes:

— ser huérfano y pariente del adoptante en tercer grado por consanguinidad o afinidad;
— ser hijo del consorte del adoptante;
— llevar más de un año acogido en acogimiento preadoptivo o haber estado bajo su tutela por el mismo tiempo;
— ser mayor de edad o menor emancipado.

f) La adopción deberá ser consentida por el adoptante, por los padres biológicos del menor que no se hallare emancipado a menos que estuviera privado de la patria potestad por sentencia firme y por el menor adoptado mayor de 12 años.

g) Deberán ser oídos por el juez:

— los padres que no hayan sido privados de la patria potestad, cuando su asentimiento no sea necesario para la adopción;
— el tutor;
— el menor adoptado de 12 años, si tuviere suficiente juicio;
— la entidad pública, a fin de apreciar la idoneidad del adoptante cuando el menor lleve más de un año acogida por aquella.

La tutela y el tutor

Mediante esta institución se suple la deficiencia que afecta a los menores sin padres y a los incapacitados aunque sean mayores de edad. El tutor es el representante del tutelado, quien debe respeto y obediencia a aquel. En el ejercicio de su cargo, podrá recabar el auxilio de la autoridad judicial, y podrá corregir al menor tutelado de forma razonable y moderada.

Las obligaciones que debe cumplir el tutor en todo momento son las siguientes:

— velar por el tutelado y, en particular, procurarle alimentos;
— educar al menor y procurarle una formación integral;
— promover la adquisición o recuperación de la capacidad del menor y su mejor inserción en la sociedad;
— informar al juez anualmente sobre la situación del menor o incapacitado y rendirle cuenta anual de todo cuanto afecte a su administración.

El tutor es el administrador legal del patrimonio del tutelado. El juez constituirá la tutela, previa audiencia de los parientes más próximos, de las personas que considere oportuno y, en todo caso, del tutelado si tuviera suficiente juicio y si fuera mayor de doce años.

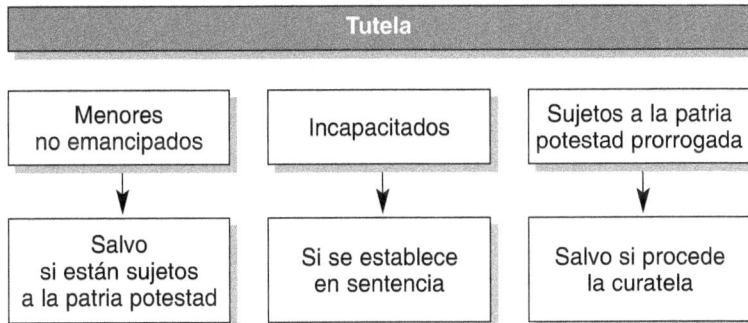

Tutela		
Menores no emancipados	Incapacitados	Sujetos a la patria potestad prorrogada
↓	↓	↓
Salvo si están sujetos a la patria potestad	Si se establece en sentencia	Salvo si procede la curatela

La curatela

La curatela consiste en el otorgamiento al encargado de la misma, llamado *curador*, de unas facultades que le permiten ocuparse de casos concretos y determinados para los que el tutelado está incapacitado (artículos 286, 287, 288 y 291). En este sentido, podría decirse que la curatela es una tutela delimitada por su extensión y contenido.

Están sujetos a curatela las personas emancipadas cuyos padres fallecieran o quedasen impedidos para la asistencia prevenida legalmente, las personas que obtuvieren el beneficio de la mayoría de edad y las declaradas pródigas. En todos estos casos, la intervención del curador se limitará a los actos que los menores o pródigos no puedan realizar por sí solos.

La curatela procede también para las personas incapacitadas en cuya sentencia de incapacitación o resolución judicial que la modifique se decida la curatela. En tal caso, esta sólo tendrá por objeto la asistencia del curador para aquellos actos previstos expresamente en la decisión judicial. El nombramiento, inhabilidad, excusa y remoción del curador se regulan de la misma forma que las del tutor.

El defensor judicial

Se nombrará un defensor judicial que represente y ampare los intereses de quienes se hallen en alguno de los siguientes casos:

— cuando en algún asunto exista un conflicto de intereses entre los menores o incapacitados y sus representantes legales o el curador;
— cuando el tutor o el curador no desempeñare sus funciones;
— en todos aquellos supuestos determinados por el Código civil.

El defensor judicial, según el artículo 302 del Código civil, tendrá las atribuciones que le haya concedido el juez al que deberá rendir cuentas de su gestión una vez concluida esta.

El matrimonio

Según nuestro Derecho civil, cualquier español puede contraer matrimonio ante las autoridades civiles y en las formas religiosas legalmente previstas.

El matrimonio canónico

Consiste en una unión indisoluble entre hombre y mujer, ordenada al bien de los cónyuges y a la generación y educación de los hijos. El matrimonio canónico regulado está por la legislación eclesiástica, que tiene sus propias leyes acerca de los siguientes aspectos:

— impedimentos para contraer matrimonio;
— requisitos de consentimiento;
— causas de separación;
— causas de nulidad y de disolución;
— un sistema propio jurisdiccional.

El matrimonio civil

El matrimonio es un contrato entre un hombre y una mujer en el que ambas partes se obligan a una serie de derechos y deberes por tiempo indefinido.

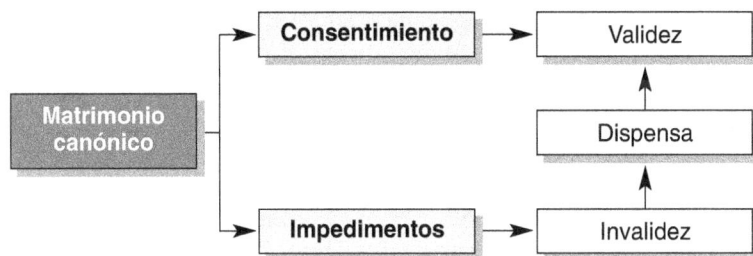

La Ley 30/81, del 7 de julio, modificó la regulación anterior del matrimonio en el Código civil a la vez que determinó el procedimiento que debía seguirse en las causas de nulidad, separación y divorcio. Esta ley es de suma importancia porque integró el título IV del Código civil relativo al matrimonio.

La capacidad

La norma fundamental del Derecho matrimonial establece que toda persona tiene derecho a contraer matrimonio.

Para ello se exige que ambas partes sean capaces, es decir, que posean la capacidad de obrar necesaria para prestar consentimiento y no existan impedimentos.

Requisitos e impedimentos del matrimonio

LA EDAD

La exigencia de una edad mínima para contraer matrimonio supone una decisión del legislador fundamentada en las reglas generales para la capacidad del Código civil.

Pueden contraer matrimonio:

— los mayores de edad;
— los menores de edad emancipados;
— los mayores de 14 años no emancipados si han obtenido dispensas conforme al artículo 48 del Código civil.

El menor emancipado puede serlo a partir de los 16 años con el consentimiento de los padres, cuando decide irse a vivir de forma independiente. Hay que tener en cuenta que el artículo 319 establece que se reputará para todos los efectos como emancipado al hijo mayor de 16 años que con el consentimiento de los padres viva independientemente de estos.

También cabe el matrimonio de los menores de edad, siempre y cuando sean mayores de 14 años no emancipados y hayan obtenido dispensa por parte del juez.

EL VÍNCULO

La bigamia y la poligamia se consideran delitos contemplados por el artículo 471 del Código penal.

Dicho impedimento se trata de una limitación radical, que no admite excepciones, no es dispensable, ni tampoco convalidable.

LA CONSANGUINIDAD

Hasta este momento hemos examinado los impedimentos absolutos. Los relativos sólo afectan a determinadas personas entre sí.

No pueden contraer matrimonio entre sí las personas con relaciones de consanguinidad en línea recta (sin limitación de grados) y en línea colateral hasta el tercer grado. Por lo tanto, entre los parientes directos o en línea recta, esto es, ascendientes y descendientes cualquiera que sea el grado de dicha relación, no cabe matrimonio.

LA ADOPCIÓN

El legislador también ha considerado que el hijo adoptado, a pesar de no tener la misma sangre que su progenitor, es pariente, y por lo tanto tampoco puede contraer matrimonio. La ley no dice a qué clase de adopción alcanza el impedimento, si bien debe entenderse que este debería reservarse para los supuestos de adopción de menores de edad que se integran como hijos por lazos afectivos y de convivencia, y no para los de personas adultas en que se buscan unas finalidades distintas a las del carácter estrictamente afectivo y filial.

EL CONYUGICIDIO

Tampoco pueden contraer matrimonio entre sí los condenados como autores o cómplices de la muerte dolosa del cónyuge de cualquiera de ellos.

EL CONSENTIMIENTO

El matrimonio no tendrá validez si los contrayentes no dan su consentimiento. El artículo 73 del Código civil establece que es nulo el matrimonio celebrado sin consentimiento matrimonial.

El juez, alcalde o funcionario que celebre la ceremonia del matrimonio preguntará a cada uno de los contrayentes si consienten en contraer matrimonio y si efectivamente lo contraen. Ambos responderán afirmativamente en el caso de que sea así y serán declarados unidos en matrimonio. El consentimiento se realizará mediante la expresión por palabras o signos equivalentes.

El error en la persona

El error en la persona supone error sobre la identidad física de la misma. Se da así una discordancia, no intencional ni advertida, entre la voluntad real de contraer matrimonio con una determinada persona y el valor que se otorga a la declaración.

La violencia y la coacción

La violencia es tratada como vicio del consentimiento, ya que provoca una ausencia del mismo. Según dispone el artículo 1.267 del Código civil, existe violencia cuando para arrancar el consentimiento se emplea una fuerza irresistible. En realidad no hay acto humano por parte del contrayente, del cual ni siquiera puede decirse que se haya forzado su voluntad, ya que esta es inexistente.

El miedo grave

Se considera que hay miedo grave cuando existe una coacción moral determinante del consentimiento. El artículo 1.267 establece que hay intimidación cuando se inspira a uno de los contratantes el temor racional y fundado de sufrir un mal inminente y grave en su persona o bienes, en la persona o bienes de su cónyuge, o en sus descendientes o ascendientes.

La forma de celebración del matrimonio

La legislación civil española contiene una normativa propia para la celebración civil del matrimonio, que parte de lo establecido en el artículo 49, apartado 1, según el cual todo español puede contraer matrimonio dentro o fuera de España ante el juez, alcalde o funcionario autorizado. También se contempla que puede contraer matrimonio en la forma religiosa legalmente prevista.

El matrimonio entre extranjeros puede celebrarse, bien en la forma prevista para españoles, bien cumpliendo lo establecido por la ley personal de cualquiera de los contrayentes.

Competencia para autorizar un matrimonio

Son competentes tanto el juez encargado del Registro civil como el alcalde del municipio donde se celebre el matrimonio o el concejal en quien este delegue.

La presencia de testigos

El artículo 57, apartado 1, del Código civil exige que el matrimonio se celebre ante dos testigos, además del testigo cualificado (alcalde o funcionario). El único requisito expreso de estos testigos comunes es que sean mayores de edad, por lo que quedan excluidos los menores, aun estando emancipados. Además, estos deben gozar de la aptitud mental suficiente para tener conciencia de la celebración a la que asisten.

El matrimonio por poder

El matrimonio por poder permite la celebración del matrimonio en supuestos de grave dificultad o imposibilidad material de los contrayentes de estar presentes en el acto de la celebración.

Efectos del matrimonio

El efecto esencial de la celebración del matrimonio es dar nacimiento al estatus matrimonial que supone para los cónyuges un vínculo y un entramado de derechos y deberes.

Hay que tener en cuenta que según el Código civil el marido y la mujer poseen los mismos derechos y deberes.

LOS DEBERES DE LOS CÓNYUGES

Los cónyuges están obligados a vivir juntos, guardarse fidelidad y socorrerse mutuamente.

El deber de socorro mutuo debe diferenciarse del deber de ayuda mutua ya que aquel se refiere al ámbito material y económico de la relación matrimonial. El deber de auxilio no es sólo la obligación legal de alimentos sino también el levantamiento de las cargas familiares y matrimoniales.

La nulidad

Las causas para declarar nulo el matrimonio vienen perfectamente tasadas en el artículo 73 de nuestro Código civil, que únicamente pasamos a enumerar por haber sido objeto de análisis con anterioridad.

Son causas de nulidad matrimonial las siguientes:

— el matrimonio celebrado sin consentimiento matrimonial;
— el matrimonio celebrado con algún menor de edad o entre familiares de conformidad con el parentesco examinado anteriormente, salvo los casos de dispensa;
— el matrimonio celebrado sin la intervención del juez o del funcionario competente, o sin la asistencia de los testigos;
— el matrimonio celebrado por error en la identidad de las personas del otro contrayente o en aquellas cualidades personales que, por su identidad, hubieren sido determinantes de la prestación del consentimiento;
— el matrimonio contraído por coacción o miedo grave.

La acción para solicitar la nulidad del matrimonio corresponde a cualquiera de ambos cónyuges, al Ministerio Fiscal y a cualquier persona que tenga interés directo y legítimo en ella.

La separación y el divorcio

La separación y el divorcio son la ruptura de la convivencia conyugal y presupone, en el caso de la separación, la existencia y la permanencia del vínculo jurídico matrimonial, a diferencia del divorcio, que presupone la disolución del matrimonio.

La separación conyugal

La separación constituye el reconocimiento del cese de la obligación de convivencia que comporta el matrimonio. Se trata del remedio jurídico más sencillo ante la crisis del matrimonio.

Cabe distinguir la separación de hecho y la separación judicial.

La separación de hecho tiene lugar cuando existe una ruptura en la convivencia de la vida conyugal, producida por decisión de una o ambas partes, sin sanción o reconocimiento judicial.

La separación judicial, que puede ser fruto de un proceso judicial de mutuo acuerdo o de uno contencioso, se ampara en la correspondiente resolución judicial (sentencia firme), que comporta su reconocimiento jurídico pleno.

La separación judicial consensual es la que sanciona el juez sobre la base del común acuerdo entre las partes, a petición conjunta de ambos cónyuges o bien de uno siempre y cuando tenga el consentimiento del otro.

El artículo 90 del Código civil recoge el contenido mínimo al que deberá referirse el convenio regulador:

— la determinación de la persona a cuyo cuidado hayan de quedar los hijos sujetos a la patria potestad de ambos, el ejercicio de esta y el régimen de visitas, comunicación y estancia de los hijos con el progenitor que no viva con ellos;
— la atribución del uso de la vivienda así como de todos los elementos que componen el ajuar familiar;

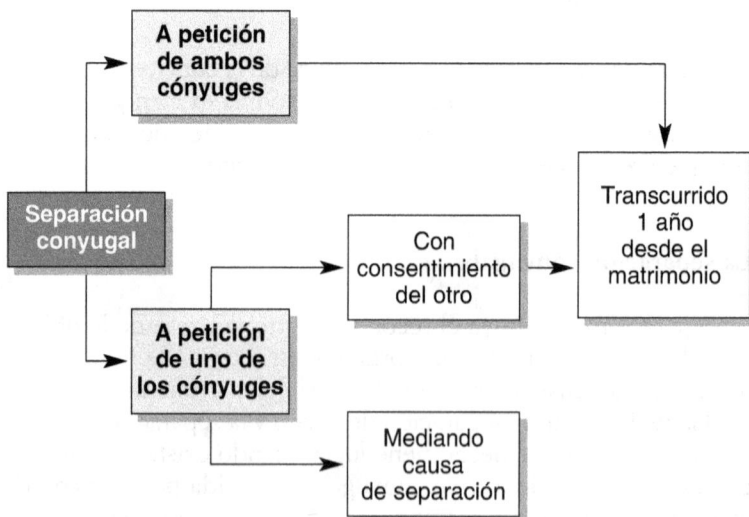

— la contribución a las cargas del matrimonio y alimentos, así como sus bases de actualización y garantías en su caso;
— la liquidación del régimen económico del matrimonio;
— la pensión que corresponda a uno de los cónyuges.

CAUSAS LEGALES DE SEPARACIÓN

El artículo 82 del Código civil contempla las causas de separación, pudiéndose agrupar a grandes rasgos en los siguientes grupos:

— causas que entrañan culpabilidad;
— causas basadas en condena penal;
— causas basadas en perturbaciones psíquicas o toxicomanía;
— causas legales no imputables a uno de los cónyuges, basadas en el cese efectivo de la convivencia.

Causas que entrañan culpabilidad

Se distingue entre las conductas que atentan contra los deberes conyugales y las conductas contra los deberes para con los hijos comunes o del otro cónyuge.

a) Conductas contra deberes conyugales:

— abandono injustificado del hogar;
— infidelidad;
— conducta vejatoria o injuriosa;
— en general, conducta grave y reiterada de los deberes conyugales.

b) Conductas contra deberes para con los hijos comunes o de un cónyuge:

— cualquier violación grave o reiterada de los deberes respecto de los hijos comunes;

— cualquier violación grave o reiterada de los deberes respecto de los hijos de cualquiera de los cónyuges que convivan en el hogar conyugal.

Causas basadas en condena penal

Son las siguientes:

— condena a privación de libertad por más de seis años;
— condena en sentencia firme por atentar contra la vida del cónyuge, sus ascendientes o descendientes.

Causas basadas en perturbaciones psíquicas o toxicomanía

Se consideran causas graves el alcoholismo, la toxicomanía y las perturbaciones mentales siempre que el interés del otro cónyuge o el de la familia exijan la suspensión de la convivencia.

Causas legales no imputables a uno de los cónyuges,
basadas en el cese efectivo de la convivencia

Son las siguientes:

— cese efectivo de la convivencia conyugal durante seis meses, libremente consentida;
— cese efectivo de la convivencia conyugal durante tres años.

En este caso, la jurisprudencia entiende que el derecho ha perdido fuerza coactiva para imponer la convivencia, y por lo tanto no procede por parte del juez exigir rigurosamente la concurrencia de causa legal.

El divorcio

La disolución del matrimonio por divorcio sólo puede tener lugar mediante una sentencia que así lo declare, por lo que no tiene sentido hablar, como en la separación, de divorcio de hecho y judicial. El divorcio como tal sólo existe a partir de la sentencia judicial y tiene como efecto la disolución del matrimonio.

CAUSAS DE DIVORCIO

La ley contempla cinco supuestos básicos:

a) El cese efectivo de la convivencia conyugal durante al menos un año ininterrumpido desde la interposición de la demanda de separación formulada por ambos cónyuges o por uno de ellos con el consentimiento del otro, siempre y cuando aquella se hubiera interpuesto una vez transcurridos unos años desde la celebración del matrimonio.

b) El cese efectivo de la convivencia conyugal durante al menos un año ininterrumpido desde la interposición de la demanda de separación personal, a petición del demandante, una vez firme la resolución estimatoria de la demanda de separación o, si transcurrido el plazo, no hubiera recaído resolución en la primera instancia.

c) El cese efectivo de la convivencia conyugal durante al menos dos años ininterrumpidos desde que se consienta libremente por ambos cónyuges la separación de hecho o desde la firmeza de la resolución judicial, o desde la declaración de ausencia legal de alguno de los cónyuges. También puede darse cuando la persona que solicita el divorcio acredite que, al iniciarse la separación de hecho, el otro estaba incurso en causa de separación.

d) El cese efectivo de la convivencia conyugal durante el transcurso de al menos cinco años, a petición de cualquiera de los cónyuges.

e) La condena en sentencia firme por atentar contra la vida del cónyuge, sus ascendientes o descendientes.

Divorcio		
Disolución del matrimonio civil		

Cese efectivo de la convivencia	Durante 1 año	Desde la demanda de separación amistosa
	Durante 2 años	Desde el consentimiento de la separación de hecho
		Desde la sentencia de separación
		Desde la declaración legal de ausencia
		Desde la separación de hecho no consentida
	Durante 5 años	A petición de cualquier cónyuge desde la separación de hecho

Sin necesidad del cese efectivo de la convivencia	Por condena por atentar contra la vida del cónyuge, de los ascendientes o descendientes

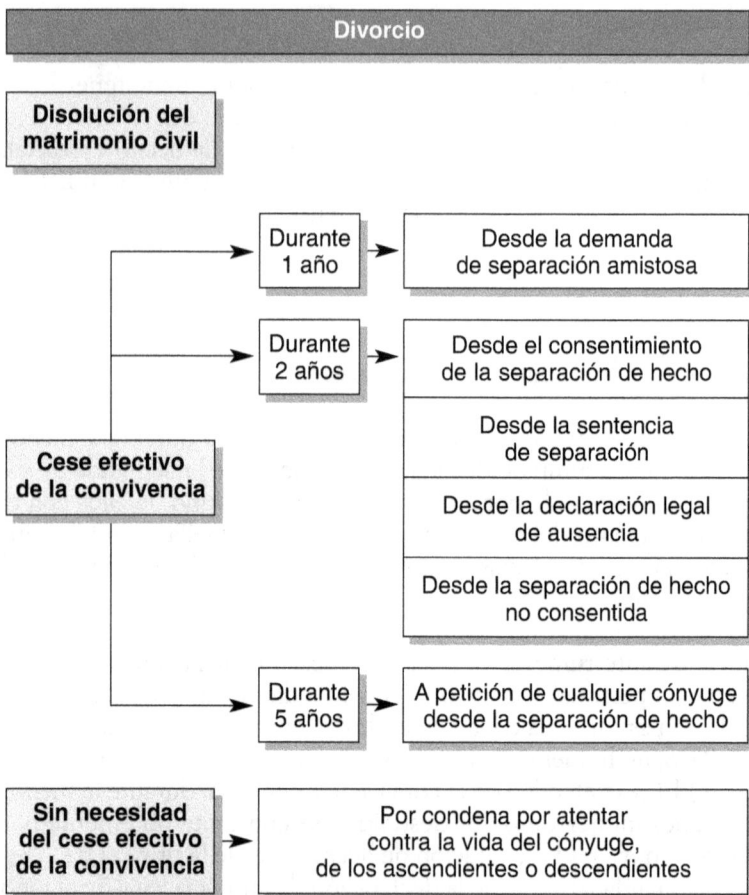

EFECTOS DE LA SEPARACIÓN Y DEL DIVORCIO

En particular supone un efecto propio de la separación y el divorcio, pero no de la nulidad, la pensión entre cónyuges por desequilibrio económico.

Sin pretender ser exhaustivos, ya que los efectos pueden ser objeto de medidas particulares adecuadas a las características de cada caso, podemos sistematizar las medidas legalmente previstas en los siguientes apartados.

a) Respecto a los hijos menores:

— atribución a uno de los progenitores, o excepcionalmente a una tercera persona o una institución adecuada, de la guarda y custodia de los menores, sin perjuicio, salvo excepción, de la patria potestad compartida;
— normas sobre ejercicio de la patria potestad;
— régimen de visitas, comunicación y estancia de los hijos con el progenitor que convivan;
— privación de la patria potestad; esta medida es absolutamente excepcional, susceptible teóricamente de ser dictada en sentencia de separación, divorcio o nulidad.

b) Respecto al domicilio conyugal y al ajuar:

— atribución de uso de la vivienda a uno de los cónyuges y a los hijos;
— determinación de los bienes y objetos del ajuar (objetos de uso ordinario) que han de quedar en la vivienda para el uso de uno de los cónyuges y de los hijos.

c) Respecto a los intereses económicos:

— disolución, por la firmeza de la sentencia, del régimen económico matrimonial existente;
— liquidación posterior de dicho régimen;
— contribución de cada uno de los cónyuges al levantamiento de las cargas del matrimonio o cargas de la familia;
— pensión entre cónyuges por desequilibrio económico;
— compensación económica por extinción del régimen de separación de bienes;

d) Respecto al aseguramiento de los bienes, como es la inscripción a los registros correspondientes, depósitos, etc.

De todos los efectos de la separación y divorcio, quizás el más importante es el que concierne a los hijos fruto del matrimonio.

— salvo que la sentencia decrete expresamente lo contrario, la atribución de la guarda y custodia de los hijos a uno de los cónyuges no implica la pérdida, por parte del otro, de la patria potestad;
— la patria potestad en un principio corresponderá al cónyuge que tenga consigo los hijos, a pesar de que también podrá ejercerla al otro progenitor, cuando se trate de decisiones que afectan de manera importante a la educación, formación o estatus de los hijos;
— el progenitor al que no se atribuya la guarda y custodia siempre tendrá derecho a un régimen de comunicación y estancia con ellos (régimen de visitas y vacacional);
— para tomar las decisiones relativas al cuidado y educación de los hijos menores, el juez tendrá en cuenta el beneficio o lo que es mejor para el menor;
— el juez atenderá a las siguientes premisas: procurar no separar a los hermanos, sino es absolutamente necesario; oír a los menores si tuvieran suficiente juicio y siempre a los mayores de 12 años; y recabará el dictamen de especialistas.

Hay que tener en cuenta que el acuerdo al que lleguen los cónyuges sobre estos asuntos es prioritario siempre y cuando se respeten los derechos y lo sean en beneficio de los hijos cuando los hubiera.

El régimen económico conyugal

El régimen económico conyugal, denominado también *régimen patrimonial del matrimonio*, es el conjunto normativo que regula los intereses pecuniarios que surgen a consecuencia del matrimonio, refiriéndose a las relaciones patrimoniales de los cónyuges entre sí o a las que tengan con terceros.

Régimen económico de gananciales

Denominado también *comunidad de gananciales*, es el régimen económico que tiene la mayoría de los matrimonios españoles. Este régimen constituye la forma de régimen económico matrimonial que, a falta de previsión de otro en las capitulaciones matrimoniales, rige las relaciones económicas familiares.

Régimen de separación de bienes

En este sistema de separación de bienes, pertenecerán a cada cónyuge los bienes que tuviese en el momento inicial de este régimen y los que después adquiera por cualquier título. Cada cónyuge tiene la administración así como el goce y la libre disposición de tales bienes. Los cónyuges contribuirán proporcionalmente a sus respectivos recursos económicos. En este sentido, el trabajo realizado para la casa será computado como contribución a las cargas y dará derecho a obtener una compensación a la extinción del régimen de separación. De no llegar a un acuerdo sobre esta compensación, la señalará el juez.

Régimen de participación en las ganancias

En líneas generales, se trata de un sistema a caballo entre el régimen de gananciales y el régimen de separación de bienes. En este régimen no existen bienes comunes del matrimonio, y cada cónyuge tiene el dominio y administración de los que le pertenecen. El marido y la mujer tienen los mismos derechos y obligaciones, y en consecuencia pueden actuar con independencia.

Las capitulaciones matrimoniales

Las capitulaciones matrimoniales son el contrato que en atención a un matrimonio determinado, que se va a celebrar o que ya se ha celebrado, regula su régimen de bienes. Este contrato deberá otorgarse siempre en escritura pública.

En él podrán los otorgantes estipular, modificar o sustituir el régimen económico de su matrimonio o cualesquiera otras disposiciones por razón del mismo. Si se han otorgado capitulaciones matrimoniales en atención a un futuro matrimonio, quedarán ineficaces cuando haya transcurrido un año, contado desde su otorgamiento sin que el matrimonio se haya celebrado. Cuando se pacten modificaciones de capitulaciones ya otorgadas, deberán realizarse aquellas con la asistencia y concurso de las personas que intervinieron en estas, si vivieren y la modificación afectare a derechos concedidos por tales personas.

En toda inscripción de matrimonio en el Registro Civil se hará mención de las capitulaciones matrimoniales otorgadas. La invalidez de estas se rige por las reglas generales de los contratos.

En el supuesto de que los cónyuges deseen modificar su régimen económico, podrán hacerlo mediante las capitulaciones matrimoniales en escritura pública otorgada ante notario.

Como ya hemos dicho, uno de los efectos de la separación, divorcio o nulidad del matrimonio es la disolución del régimen económico matrimonial, puesto que sin matrimonio no hay régimen.

Una vez declarada la disolución, deberá procederse a la liquidación, que será un efecto normal de la misma. La disolución podrá producirse bien de acuerdo con las normas que los propios interesados hayan establecido en los capítulos matrimoniales que establecían el régimen por el que se regía el matrimonio, bien por el convenio regulador, bien por las normas legales, reguladoras del régimen de que se trate. Esto es una cuestión que deberá determinarse en cada caso concreto.

Las obligaciones y los contratos

L a relación obligatoria la forman el deudor y el acreedor reglamentada jurídicamente.
El contrato es un acuerdo entre dos o más personas que genera el nacimiento de una o varias obligaciones.

El Derecho de obligaciones

Los sujetos

El sujeto activo del Derecho de obligaciones es el acreedor, que es titular de un derecho subjetivo (el derecho de crédito) que le faculta para exigir al deudor lo que debe (la prestación). Al mismo tiempo, el acreedor se ve investido de la posibilidad, en caso de incumplimiento, de proceder contra los bienes del deudor.
El sujeto pasivo es la condición del deudor. Este es sujeto de un deber jurídico (deuda) que le impone la observancia del comportamiento debido.

El objeto

El objeto de la obligación es la actitud de llevar a cabo el compromiso adquirido o lo que se ha obligado el deudor. La obligación consiste en dar, hacer o no hacer alguna cosa tal y como dispone el Código civil en su artículo 1.088 («toda obligación consiste en dar, hacer o no hacer una cosa»).

La prestación ha de ser determinada y lícita, es decir, que esté dentro del comercio de los hombres.

El cumplimiento

Asimismo, el artículo 1.094 del Código civil dice que el obligado a dar alguna cosa lo está también a conservarla con la diligencia propia de un buen padre de familia.

El artículo 1.097 del Código civil prevé que la obligación de dar una cosa determinada comprende la de entregar todos sus accesorios, aunque no hayan sido mencionados.

Cuando no se cumple con la obligación contraída, el deudor habrá de responder con sus bienes presentes y futuros de conformidad con lo que establece el artículo 1.911 del Código civil.

Elementos circunstanciales

No afectan al nacimiento de la obligación porque esta sólo requiere los sujetos, un vínculo que los relacione y el objeto de la relación. Estos elementos circunstanciales son el término, la condición y el modo.

El término es el periodo de tiempo que las partes establecen para el cumplimiento de la obligación. Si no se indica el mismo, se supone que la obligación es exigible desde el momento de su nacimiento. El deudor puede cumplir con la deuda antes del día establecido. La condición es la circunstancia futura e incierta de la que depende la relación obligacional, siempre que sea posible, lícita y se haga constar al dar lugar al nacimiento de la obligación.

Se distinguen dos tipos de condición:

a) Condición suspensiva: la obligación se ha de cumplir cuando se da el suceso. Por ejemplo, el señor A se compromete a construir una casa para el señor B siempre y cuando este haya retirado los escombros que hay en la parcela.

b) Condición resolutoria: la obligación se ha de cumplir antes de que se dé el suceso y si no es así desaparece la obligación o se resuelve el contrato. Por ejemplo: el señor A compra la casa al señor B con la condición resolutoria de que aquel pague antes de un año. Si no lo hiciese, la compraventa quedará resuelta.

El modo es aquella carga que se impone a una de las partes, pero que no llega a la categoría de contraprestación. Aparece sobre todo en aquellos contratos de carácter gratuito. En su consecuencia el modo viene a suponer una exigencia de una conducta que no es equiparable al beneficio que se obtiene.

Clases de obligaciones

Podemos distinguir distintos criterios para determinar las clases de obligaciones. Los más comunes son el número de sujetos, la prestación, el vínculo y la independencia.

Según el número de sujetos

Se distinguen las siguientes clases:

a) Solidaria: el artículo 1.137 del Código civil establece que la concurrencia de dos o más acreedores o de dos o más deudores en una sola obligación no implica que cada uno de ellos tenga derecho a pedir ni prestar las cosas que sean objeto de la misma. Sólo podrá hacerse cuando la obligación lo determine expresamente.

b) Mancomunada: según el artículo 1.138 del Código civil, si del texto de las obligaciones al que se refiere el artículo anterior no resulta otra cosa, el crédito o la deuda se presumirán divididos en tantas partes iguales como acreedores o deudores haya, reputándose créditos o deudas distintos unos de otros.

SEGÚN LA PRESTACIÓN

Se consideran positivas aquellas en las que se impone al deudor la realización de una determinada actitud (un dar o un hacer).

a) Obligaciones de dar: suponen la entrega de una cosa a la que puede ir ligada o no la adquisición de un derecho real sobre la misma a favor del acreedor. En dichos casos el deudor jamás podrá instar a su acreedor a que acepte recibir una cosa distinta.

b) Obligaciones de hacer: implican la realización de un servicio que no podrá ser sustituido por otro en contra de la voluntad del acreedor.

c) Obligaciones negativas: son aquellas en que se impone al deudor una abstención, como por ejemplo la obligación de no hacer competencia impuesta en los contratos de distribución, agencia, franquicia, etc.; y se tolera que el otro haga, como es el caso de las servidumbres.

d) Obligaciones específicas: son aquellas que recaen sobre cosas concretas y determinadas. En estas el deudor sólo cumple entregando la cosa prefijada.

e) Obligaciones genéricas: son aquellas obligaciones de dar, en las cuales la cosa objeto de la prestación se encuentra determinada a través o mediante su pertenencia a un género. Por género se entiende en el lenguaje jurídico un conjunto más o menos amplio de objetos de los que se pueden predicar unas condiciones comunes.

f) Obligaciones divisibles: el artículo 1.151 del Código civil, establece respecto a las obligaciones de hacer: «Serán divisibles cuando tengan por objeto la prestación de un número de días de trabajo, la ejecución de obras por unidades métricas u otras cosas análogas que por su naturaleza sean susceptibles de cumplimiento parcial».

g) Obligaciones indivisibles: el artículo 1.151 del Código civil, en su apartado primero, respecto a las obligaciones de dar establece: «Se reputarán indivisibles las obligaciones de dar cuerpos ciertos y todas aquellas que no sean susceptibles de cumplimiento parcial».

h) *Obligaciones facultativas:* hay obligaciones que contienen una sola prestación, si bien conceden una facultad de solución o alternativa que permite en el momento del pago liberarse con la realización de una prestación distinta (obligaciones con facultad alternativa). Aquí el deudor en rigor no debe más que una única prestación, la imposibilidad sobrevenida de la misma llevará la extinción de la obligación, sin que haya en tal caso lugar para el ejercicio de la facultad solutoria.

i) *Obligaciones alternativas:* a una de las partes o a un tercero se le concede la facultad de elegir una entre diversas prestaciones previstas en la obligación sin necesidad de un nuevo acuerdo.

Según el vínculo

Se distinguen los siguientes tipos:

a) *Obligaciones unilaterales:* se dan cuando haya obligaciones a cargo de una sola de las partes, como, por ejemplo, el préstamo.

b) *Obligaciones bilaterales:* son la mayoría de obligaciones y cabe distinguir entre las equivalentes y las imperfectas. En el primer tipo las obligaciones se caracterizan por su reciprocidad, es decir, la obligación del vendedor de entregar la cosa y la del comprador de pagar el precio. En el segundo, las obligaciones bilaterales imperfectas, no son equivalentes para las partes, tal como sucede en el contrato de depósito, en el que el depositario debe restituir la cosa y responder del buen estado de la misma.

Según su independencia

Las obligaciones pueden ser principales o accesorias:

— principales: no dependen de otras y por ellas mismas devienen el objeto de la relación obligatoria;
— accesorias: se encuentran unidas a las principales y su cumplimiento depende del cumplimiento de la obligación principal.

Una vez vistas las clases de obligaciones debemos hacer hincapié en las fuentes de las obligaciones. Como hemos expuesto, las fuentes del ordenamiento jurídico son la ley, la costumbre y los principios generales del derecho. Estas fuentes distintas de las obligaciones son las siguientes:

a) *La ley:* el Código civil expone que las obligaciones derivadas de la ley no se presumen, puesto que sólo son exigibles las que estén determinadas expresamente en el Código o en leyes especiales y que se regirán por los preceptos de la ley que las haya establecido, y en lo que esta no hubiera previsto, por las disposiciones contenidas en el libro cuarto del propio Código.

b) *El contrato:* el Código civil indica que las obligaciones que nacen de los contratos tienen fuerza de ley entre las partes contratantes y que deben cumplirse a tenor de los mismos.

c) *Los cuasi contratos:* el Código civil los define, en su artículo 1.887, como «hechos lícitos y voluntarios de los que resulta obligado su autor para con un tercero y, a veces, una obligación recíproca entre los interesados».

d) *Los delitos y las faltas:* son considerados por el Código como fuente de la obligación de restituir las cosas objeto del delito y de la obligación de resarcir los daños y reparar los perjuicios causados por él. Estas obligaciones se rigen por lo dispuesto en el Código Penal.

e) *Los actos y omisiones en que interviene culpa o negligencia:* el Código los regula en los artículos 1.902 y siguientes, donde se establece la obligación de indemnizar que se impone al que por acción u omisión causa daño a otro interviniendo culpa o negligencia. Estos son llamados *delitos* o *cuasi delitos civiles*, en los que falta la tipicidad del delito o la falta penal.

La extinción por cumplimiento de la obligación

El cumplimiento de la obligación es la forma perfecta de extinción de la misma. Normalmente acostumbra a ser un pago en sentido amplio y no restringido al sentido pecuniario.

El artículo 1.156 del Código civil establece que las obligaciones se extinguen:

— por el pago o cumplimiento;
— por la pérdida de la cosa debida;
— por la condonación de la deuda;
— por la confusión de los derechos de acreedor y deudor;
— por compensación;
— por la novación.

Ante todo, el pago requiere una voluntad para hacerlo y una voluntad para recibirlo. Sin embargo, parte de la doctrina entiende que el acreedor no puede negarse a recibir el pago si este se ajusta a la obligación según lo convenido.

El acreedor no podrá rehusar el cumplimiento por el tercero, salvo si se da la excepción prevenida en el artículo 1.161 del Código civil según el cual «en las obligaciones de hacer el acreedor no podrá ser compelido a recibir la prestación o el servicio de un tercero, cuando la calidad y circunstancias de la persona del deudor se hubiesen tenido en cuenta al establecer la obligación».

¿Puede efectuar el pago un tercero en lugar del deudor?

El pago de un tercero libera al deudor, si bien el primero dispone de una acción de reembolso. En el caso de que el pago se haya efectuado contra su voluntad, sólo podrá reclamar la cantidad que le hubiera sido útil al deudor, que no siempre coincide con el importe abonado.

El pago deberá hacerse a la persona en cuyo favor estuviese constituida la obligación, o a otra autorizada para recibirlo en su nombre.

¿Cómo debe hacerse el pago para que quede liberado el deudor de su obligación?

Para que el pago sea válido, la prestación debe ser igual a la pactada. Por ello, cabe comparar lo que había sido objeto del pacto y lo realizado. Hay exactitud cuando la prestación sea idéntica, integra e indivisible.

¿En qué lugar debe hacerse el pago?

Donde hubiese designado la obligación. Debe atenderse, pues, a los establecidos por los propios interesados. No habiéndose expresado, y tratándose de entregar una cosa determinada, deberá hacerse donde esta exista en el momento de constituirse la obligación. En otro caso, el lugar de pago será el domicilio del deudor.

¿Cuándo debe hacerse la prestación?

Según dispone el artículo 1.113, apartado 1, del Código civil, será exigible toda obligación cuyo cumplimiento no dependa de un suceso futuro o incierto o bien de un suceso pasado que los interesados ignoren. El artículo 1.128 establece que si la obligación no señalase ningún plazo, pero por su naturaleza y circunstancias pudiera deducirse que ha querido concederse al deudor, los tribunales fijarán la duración de aquel. También fijarán los tribunales la duración del plazo cuando este haya quedado a voluntad del deudor.

¿Cómo puede probarse que se ha realizado el pago?

El artículo 1.214 del Código civil establece que la prueba del pago corresponderá al deudor. La expedición del recibo por el acreedor que cobra otorga al deudor una prueba del pago. El Código civil no establece la obligación de aquel de darlo, aunque presupone en bastantes preceptos que lo ha entregado.

El incumplimiento de las obligaciones

Los supuestos de incumplimiento se dan cuando no se realiza la prestación o se efectúa de forma incorrecta. Son:

— el deudor no ha realizado ninguna prestación, pero esta puede satisfacerse, por lo que se considera un retraso o mora;
— el deudor no ha realizado ninguna prestación y esta es objetivamente posible, pero no satisface el interés del acreedor;
— el deudor no ha realizado la prestación, y esta es imposible.

Incumplimiento no imputable al deudor

Caso fortuito

El propio Código civil recoge en su artículo 1.105 que el caso fortuito puede ser un hecho externo y ajeno al deudor y a la propia prestación, pero no adopta una definición exacta de caso fortuito, cuya definición según la doctrina es la de un hecho imprevisible e inevitable, pero relacionado con la relación obligatoria.

Fuerza mayor

La fuerza mayor es un acontecimiento imprevisible e inevitable, ajeno a la relación obligacional.

Para exigir responsabilidad al deudor es necesario situarse en el ámbito de la diligencia exigible, en este caso, al deudor. Cuanto mayor sea la diligencia, mayores serán la obligación de previsión y la obligación de poner las medidas adecuadas para que nada pueda ocurrir. A un tipo de diligencia media, como sería la conducta de un buen padre de familia, corresponderá una previsión de lo que acontezca en el curso normal de la vida y la toma de medidas será igualmente normal.

En este punto la jurisprudencia considera que deben excluirse de los deberes de previsión aquellos sucesos totalmente insólitos y extraordinarios que, aunque no sean imposibles físicamente y, por tanto, previsibles, que difícilmente pueden ser calculados o previstos por una conducta prudente atenta a las eventualidades que el curso de la vida puede depararnos. En cuanto a la imposibilidad de evitar los sucesos previstos, no excusa de prestar la diligencia necesaria para vencer las dificultades que se presenten. No exige, sin embargo, la llamada *prestación exorbitante*, es decir, aquella que exigiría vencer dificultades que pueden ser equiparables a la imposibilidad para exigir sacrificios desproporcionados.

Además hay que observar que el incumplimiento se ha producido o no a causa de la conducta del deudor.

¿Qué ocurre cuando el incumplimiento es imputable al deudor?

Cuando el deudor incumple su obligación e incurre en dolo, negligencia o morosidad, responderá por los daños y perjuicios ocasionados.

El acreedor que ve insatisfecho su interés podrá ejercer la acción de cumplimiento delante del órgano jurisdiccional competente que supondrá un procedimiento por el que se obtiene la prestación prometida pero que no la ha realizado o lo ha hecho defectuosamente.

La acción de cumplimiento condena al deudor a satisfacer un equivalente de lo que se ha incumplido.

En cuanto al daño exigible, podemos distinguir entre el daño emergente —el valor de la pérdida que se haya sufrido— y el lucro cesante —la ganancia que haya dejado de obtener el acreedor como consecuencia del incumplimiento.

Causas del incumplimiento

Se distinguen dos: la culpa y el dolo.

Según el artículo 1.104 del Código civil, «la culpa o negligencia del deudor consiste en la omisión de aquella diligencia que exija la naturaleza de la obligación y corresponda a las circunstancias de las personas, del tiempo y del lugar.

Cuando la obligación no exprese la diligencia que ha de prestarse en su cumplimiento, se exigirá la que correspondería a un buen padre de familia».

El artículo 1.214 del Código civil establece que incumbe la prueba de las obligaciones a quien reclama su cumplimiento y la de su extinción al que se opone.

Puede suceder que el deudor, al cumplir la prestación, no haya vigilado a sus colaboradores. Por ello se distinguen dos tipos de culpa:

— culpa *in eligendo*: es la falta de diligencia del deudor a la hora de elegir a los colaboradores que deben cumplir con la obligación;
— culpa *in vigiliando*: es la falta de diligencia al controlar y vigilar la actuación de los mismos.

El deudor queda exonerado de responsabilidad si demuestra que actúa con diligencia al elegir y controlar a sus auxiliares o colaboradores, así como en casos fortuitos o de fuerza mayor.

INCUMPLIMIENTO IMPUTABLE AL ACREEDOR

Se produce cuando el acreedor de manera dolosa o negligente provoca la destrucción, deterioro o pérdida de la cosa que debía entregarse o impide que el deudor cumpla con la obligación.

¿Qué puede hacer el deudor cuando el acreedor se niega a aceptar el cumplimiento de la obligación?

El deudor puede hacer al acreedor un ofrecimiento de pago. En las obligaciones de dar, si este se negase, el deudor podrá consignar el objeto de la prestación, para quedar liberado de su obligación. El artículo 1.176 regula este supuesto cuando dispone: «Si el acreedor a quien se hiciere el ofrecimiento de pago se negare sin razón a admitirlo, el deudor quedará libre de responsabilidad mediante la consignación de la cosa debida. La consignación por sí sola producirá el mismo efecto cuando se haga estando el acreedor ausente o cuando esté incapacitado para recibir el pago en el momento en que deba hacerse, y cuando varias personas pretendían tener derecho a cobrar, o se haya extraviado el título de la obligación».

La responsabilidad civil

La responsabilidad civil es aquella obligación que surge de un comportamiento jurídicamente incorrecto, pero que carece de la gravedad que se atribuye a quien comete un robo, una estafa o incluso mata a un semejante, conductas todas ellas tipificadas en el Código Penal. La responsabilidad civil es siempre de carácter económico. Dicho de otro modo, la responsabilidad penal supone el ingreso en la cárcel de su autor, mientras que la responsabilidad civil supone la obligación de indemnizar económicamente al perjudicado.

LA RESPONSABILIDAD CIVIL CONTRACTUAL

Como su propio nombre indica, surge como consecuencia de que entre dos o más personas, particulares o sociedades, se haya celebrado un contrato.

La responsabilidad civil contractual tiene su origen en un principio contenido en el Código civil referido a las obligaciones contractuales en el que sanciona a aquellas personas que, en el cumplimiento de los contratos actúen con mala fe o con negligencia, así como también aquellos que se retrasen o demoren.

¿Qué elementos deberán tenerse en cuenta para cuantificar la indemnización? Según el Código civil, este tipo de responsabilidad comprende los daños y perjuicios. Tales daños y perjuicios comprenden el valor de la pérdida sufrida (daño emergente) y el de la ganancia dejada de obtener (lucro cesante).

LA RESPONSABILIDAD CIVIL EXTRACONTRACTUAL

La responsabilidad civil extracontractual es la que se origina de un hecho que causa un daño, pero sin que entre ambos sujetos, el causante del perjuicio y el perjudicado, haya existido un previo vínculo contractual que los uniere.

Tal es el caso típico de la persona que, mientras va paseando por una calle, es alcanzada por la maceta que alguien estaba manipulando en un balcón. Se ve claramente que, antes de suceder el hecho, ninguna relación jurídica existía entre las personas implicadas, ningún contrato las unía, por lo que la responsabilidad en la que ha incurrido el causante del daño tiene una evidente naturaleza extracontractual o no contractual, llamada *aquiliana*. Esta clase de responsabilidad se funda en el principio establecido en el Código civil según el cual quien, bien por una acción, bien por una omisión causa un daño a otra persona habiendo mediado culpa o negligencia se halla obligado a reparar el daño causado.

Dentro del marco genérico de la responsabilidad civil extracontractual se puede distinguir entre la que deriva de los actos propios como de los actos llevados a cabo por personas de las que se deba responder. Se trata, entre otros, de los siguientes supuestos:

— la responsabilidad de los padres por las actuaciones de sus hijos que se encuentren bajo su guarda;

— la responsabilidad de los dueños o directores de una empresa o de un establecimiento respecto de los perjuicios causados por sus dependientes;

— la responsabilidad de los maestros o directores de artes y oficios respecto de los perjuicios causados por sus alumnos o aprendices, mientras permanezcan bajo su custodia;

— la responsabilidad derivada de los daños causados por los animales;

— la responsabilidad del propietario de un edificio por los daños que resulten de la ruina de todo o parte de él si esta sobreviene por falta de las reparaciones necesarias;

— la responsabilidad del cabeza de familia que habita una casa, por los daños causados por las cosas que se arrojaren o cayeren de la misma.

Por tanto, la responsabilidad por el hecho de que un niño menor de edad derribe involuntariamente a una persona mayor mientras ambos se hallan en el parque, corresponderá a sus padres. De igual modo, el propietario de un perro deberá afrontar las consecuencias dañosas del comportamiento de este.

En esta materia, los tribunales de Justicia y algunas leyes concretas adoptan una *responsabilidad objetiva*. Se trata de un principio contrario a la norma general, la cual estipula que corresponde a quien reclama la demostración de la conducta peligrosa y la culpa de quien ha causado el daño.

El contrato

El contrato es un acuerdo entre dos o más personas que genera el nacimiento de una o varias obligaciones y que existe desde que una o varias personas se obligan a dar alguna cosa o prestar algún servicio.

Modalidades contractuales

Los contratos, como hemos dicho, son el resultado del acuerdo entre dos personas tras haber discutido y negociado sobre los pactos y cláusulas del mismo. Existen diversas modalidades en función de los diferentes tipos de relación que pueden establecerse.

Los contratos de adhesión

En ocasiones una de las partes contratantes fija unas reglas o condiciones generales del contrato en las que la otra parte no tiene posibilidad de negociar las mismas, ya que son impuestas por la parte más fuerte. Dichos contratos son conocidos como *contratos de adhesión*.

La particularidad de estos contratos es que el contenido del mismo no es el resultado de la negociación de las dos partes, sino que la parte contratante más débil sólo puede aceptar o rechazar las condiciones generales, por lo que han sido fuente de problemas.

En la Ley de Protección del Consumidor se hace referencia a las condiciones generales, disponiendo que deben ser claras y sencillas, redactadas de buena fe y con un justo equilibrio de prestaciones.

Relaciones contractuales de hecho

Son relaciones contractuales que no nacen propiamente de un contrato, aunque se da una situación parecida al contrato.

Si las negociaciones llegan al punto en que pueda pensarse que finalmente se llegará a un acuerdo, y una de las partes decide no contratar, siempre que la otra parte haya aportado o realizado alguna prestación que suponga unos gastos, estos correrán finalmente a cargo del que ha querido romper con la relación (siempre que se rompa de manera injustificada).

La doctrina considera que debe indemnizarse por las relaciones de hecho que se hayan realizado de buena fe y que luego fueron rotas sin justificación.

CLASIFICACIÓN DE LOS CONTRATOS

Se distinguen varios tipos de contrato en función de los siguientes elementos:

— según los requisitos de perfección del contrato;
— según la forma del contrato.

REQUISITOS DE LA PERFECCIÓN DEL CONTRATO

Según este punto de vista, se distingue entre contratos consensuales y contratos reales.

Los contratos consensuales se perfeccionan por el consentimiento de las partes. Deben ponerse de acuerdo sobre la cosa y la causa del contrato. Un ejemplo de este tipo de contrato es el de compraventa.

Para los contratos reales, en cambio, no basta el acuerdo de voluntades sino que es necesaria la entrega de la cosa que es objeto del contrato. El contrato de depósito es un tipo de contrato real, ya que cesa cuando se entrega al depositario la cosa en cuestión.

FORMA DEL CONTRATO

Desde este punto de vista, los contratos pueden ser formales o solemnes. Todos los contratos tienen una forma incluso los orales. La forma solemne en algunos contratos es un requisito necesario para su perfección. Por ejemplo, la donación de un bien inmueble debe hacerse obligatoriamente en escritura pública.

Dentro de esta categoría, cabe hacer las siguientes distinciones:

a) Contratos típicos y atípicos: los contratos típicos son los definidos en alguna ley. Los contratos atípicos no están regulados ni previstos en la ley, sino que se regirán por lo pactado por las partes, y en segundo lugar les será de aplicación la normativa común en cada caso (el Código civil, el Código mercantil, etc.).

b) *Contratos bilaterales o unilaterales:* el contrato por regla general es un contrato bilateral. La diferenciación atiende a la naturaleza de la obligación. En el contrato unilateral la obligación nace para una de las partes, por ejemplo el depósito. En el contrato bilateral, la obligación nace para ambas partes.

c) *Contratos onerosos o gratuitos:* en el contrato oneroso cada una de las partes se compromete a prestar un servicio a cambio de una contraprestación. No es necesario que sean de igual valor. En el contrato de carácter gratuito una de las partes dispone sin recibir nada a cambio, como, por ejemplo, en el caso de la donación.

REQUISITOS DEL CONTRATO

El artículo 1.261 del Código civil establece que no hay contrato sino cuando concurren los requisitos siguientes:

— consentimiento de los contratantes;
— objeto cierto que sea materia de los contratantes;
— causa de la obligación que se establezca.

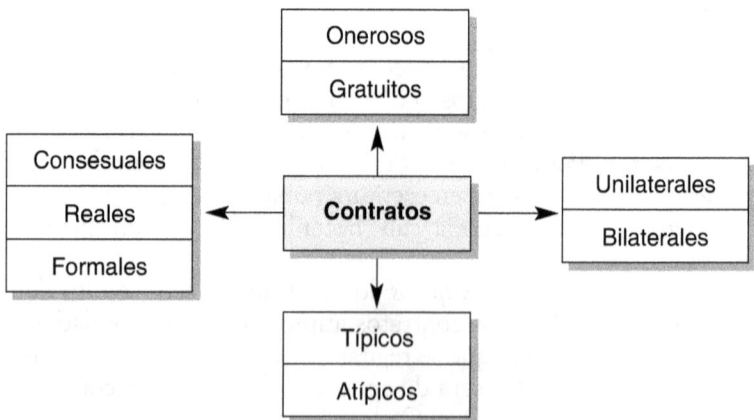

En cuanto al consentimiento de los contratantes, cabe decir que este se manifiesta por el concurso de la oferta y de la aceptación sobre la cosa y la causa que han de constituir el contrato. La aceptación hecha por carta no obliga al que hizo la oferta desde que llegó a su conocimiento. El contrato en tal caso se considera celebrado en el lugar en que se hizo la oferta.

CONSENTIMIENTO DE LOS CONTRATANTES

No pueden prestar consentimiento los menores no emancipados, ya que estos no pueden celebrar ningún contrato. La emancipación habilita al menor para regir su persona y bienes como si fuera mayor, pero hasta que llegue a la mayoría de edad no podrá el emancipado tomar dinero a préstamo, gravar o enajenar bienes inmuebles y establecimientos mercantiles o industriales u objetos de extraordinario valor sin consentimiento de sus padres.

Los incapacitados locos, dementes y los sordomudos que no sepan escribir tampoco podrán celebrar contratos. Se consideran causas de incapacitación las enfermedades o deficiencias persistentes de carácter físico o psíquico que impidan a la persona gobernarse por sí misma.

Como hemos visto, el consentimiento determina la celebración del contrato. Sin consentimiento válido no hay contrato, tal y como dice el artículo 1.265 cuando establece que será nulo el consentimiento prestado por error, violencia, intimidación o dolo.

El error

Se considera que hay un error cuando existe una creencia equivocada sobre la realidad. El Código civil hace referencia al error en su artículo 1.266 cuando dispone que para que este invalide el consentimiento deberá recaer sobre la sustancia de la cosa que fuere objeto del contrato o sobre aquellas condiciones de la misma que principalmente hubiesen dado motivo a celebrarlo.

Violencia o intimidación

Hay violencia cuando para arrancar el consentimiento se emplea una fuerza irresistible; es requisito indispensable que exista fuerza física, y esta tiene que ser irresistible, pues dependerá de cada situación concreta (artículo 1.267).

Hay intimidación cuando se inspira a uno de los contratantes al temor racional y fundado de sufrir un mal inminente y grave en su persona o bienes, o en la persona o bienes de su cónyuge, descendientes o ascendientes. Asimismo, para calificar la intimidación debe atenderse a la edad y a la condición de la persona. El anuncio de un mal o una amenaza inminentes puede entenderse como intimidación.

La violencia o intimidación puede ser empleada por un tercero; no es necesario que se lleve a cabo por uno de los contratantes.

Dolo

Habrá dolo cuando con palabras o maquinaciones insidiosas de parte de uno de los contratantes se induzca a la otra a celebrar un contrato que de otro modo no se hubiera acordado. Para que el dolo produzca la nulidad de los contratos deberá ser grave y no haber sido empleado por las dos partes contratantes.

El dolo, a diferencia de la violencia e intimidación, tiene que causarla necesariamente uno de los contratantes. Puede haber supuestos en que el dolo provocado por un tercero se considere como si lo provocara uno de los contratantes.

LA AUTOCONTRATACIÓN

Es aquel supuesto en el que, en un contrato, las dos partes contrayentes están representadas por una misma persona. Supongamos la siguiente situación: el señor A es comprador de una vivienda y su madre, la señora B, es la vendedora. Teniendo en cuenta su edad, esta confiere poderes al señor A para que realice la venta de la vivienda en su nombre. El día de la firma de la escritura pública el señor A comparece y firma como comprador y, a la vez, comparece y firma en representación de la vendedora. Sin embargo, no todo es tan fácil. Es preciso estudiar cada caso para determinar cuándo puede realizarse la autocontratación. Normalmente será válido el contrato cuando exista una ratificación posterior del representado.

LA SIMULACIÓN O CONTRATO SIMULADO

Según el artículo 1.376 del Código civil, la simulación consiste en que las partes puestas de acuerdo emiten declaraciones de voluntad que no coinciden con sus voluntades internas o el fin último deseado, con el objeto de crear una apariencia. El fin último normalmente es el engaño, si bien hay que distinguir entre la simulación lícita y la ilícita, según se realice sin ánimo de fraude o para defraudar a un tercero u ocultar la violación legal. El medio utilizado es la divergencia consciente entre la declaración y la voluntad. Se requiere que las dos partes estén de acuerdo en la simulación.

EL OBJETO

Según el artículo 1.271, pueden ser objeto de contrato todas las cosas que no están fuera del comercio de los hombres, aun las futuras. Pueden ser igualmente objeto de contrato todos los servicios que no sean contrarios a las leyes o las buenas costumbres.

Sólo podrán ser objeto del contrato las cosas o servicios que sean posibles, lícitos y determinados o determinables. Sin embargo, debe ser una cosa determinada en cuanto a su especie. La indeterminación en cuanto a la cantidad no será obstáculo para la existencia del contrato, siempre que sea posible determinarla.

No son susceptibles del comercio los bienes de dominio público y los que forman parte de los derechos privados de la persona, que son susceptibles de apropiación.

LA CAUSA

La causa de un contrato es la razón del mismo. Por ejemplo, la causa del contrato de compraventa es la de cambiar una cosa por un precio. En los contratos onerosos se entiende por causa para cada parte contratante la prestación o promesa de una cosa o servicio por la otra parte; en los contratos remuneratorios, el servicio o beneficio que se remunera, y en los contratos de pura beneficencia, la mera liberalidad del bienhechor.

Nuestro Código civil dispone que no hay contrato si no concurre la causa de la obligación que se establezca. En este sentido el artículo 1.275 del Código civil establece que los contratos sin causa, o con causa ilícita, no producen efecto alguno.

Aunque la causa no se exprese en el contrato, se presume que existe y que es lícita mientras el deudor no pruebe lo contrario.

EFICACIA E INVALIDEZ DE LOS CONTRATOS

El artículo 1.278 dispone que los contratos serán obligatorios, cualquiera que sea la forma en que se hayan celebrado, siempre que en ellos concurran las condiciones esenciales para su validez. Nuestro Código civil sanciona el principio de libertad de forma, es decir, no hay necesidad de una forma particular para que el contrato tenga alguna eficacia. Sin embargo, ello no significa que para determinados contratos se exijan ciertas formalidades que se añaden como un requisito de validez del mismo. Deberán constar en documento público los siguientes contratos que relacionamos a continuación:

— los contratos que tengan por objeto la creación, transmisión o extinción de derechos reales sobre bienes inmuebles;
— los arrendamientos de estos mismos bienes por seis o más años, siempre que deban perjudicar a terceros;
— las capitulaciones matrimoniales y sus modificaciones;

— la cesión, repudiación y renuncia de los derechos hereditarios o los de la sociedad conyugal;
— el poder para contraer matrimonio, el general para pleitos y los especiales que deban presentarse en juicio; el poder para administrar bienes y cualquier otro que tenga por objeto un acto redactado o que deba redactarse en escritura pública o haya de perjudicar a terceros;
— la cesión de acciones o derechos procedentes de un acto consignado en escritura pública.

En cada contrato habrá que ver si tienen una regulación particular las formalidades o la forma que debe tener el mismo.

Contratos más comunes

CONTRATO DE COMPRAVENTA

Es el contrato más frecuente y el más importante. Se celebra cuando dos personas se intercambian una cosa por dinero. El Código civil lo define en el artículo 1.445: «Por el contrato de compraventa uno de los contratantes se obliga a entregar una cosa determinada y el otro a pagar por ella un precio cierto en dinero o signo que lo represente».

Es un contrato entre dos partes, en la que una de ellas entrega una cosa a cambio de un precio, y se perfecciona con el mero consentimiento de las mismas (contrato consensual). Sin embargo, ello no rige en la compraventa de bienes muebles a plazos, en que debe entregarse la cosa para que se perfeccione el contrato.

El contrato de compraventa puede ser ante notario, en documento privado o incluso de palabra, cuando existe una total libertad de forma. En algunos contratos de compraventa, existen ciertas particularidades. Por ejemplo, en la compraventa de un bien inmueble será necesaria la formalización en documento público y su inscripción en el Registro de la propiedad para que tenga eficacia frente a terceros.

¿Qué ocurre cuando el vendedor antes de entregar la cosa la entrega a otra persona?

En este supuesto lo que sucede es que el vendedor ha vendido dos veces la misma cosa. El artículo 1.473 del Código civil establece que si una misma persona hubiese vendido a diferentes compradores, la propiedad se transferirá a la persona que primero haya tomado posesión de ella con buena fe, si fuese mueble. Si fuese inmueble, la propiedad pertenecerá al adquirente que antes la haya inscrito en el Registro. Cuando no haya inscripción, la propiedad pertenecerá a quien de buena fe sea primero en la posesión; y faltando esta, a quien presente título de fecha más antigua, siempre que haya buena fe.

¿Puede pactarse la venta de una cosa ajena al vendedor?

Sí que el vendedor puede obligarse a entregar una cosa ajena. En el supuesto de que no manifieste que la cosa no es propiedad de nadie, dicho contrato será anulable por dolo o, en su caso, por error si el comprador cree que pertenece a alguien que en realidad no lo es.

¿Qué eficacia tiene una promesa de venta?

La promesa de venta no es otra cosa que un precontrato entre las partes en el que una se compromete a vender y la otra a comprar por un precio pactado. El artículo 1.451 del Código civil establece que la promesa de vender o comprar habiendo conformidad en la cosa y en el precio dará derecho a los contratantes para reclamar recíprocamente el cumplimiento del contrato.

Estructura del contrato de compraventa

Los sujetos contratantes deben tener capacidad de obrar: podrán celebrar el contrato de compraventa todas las personas autorizadas a obligarse, salvo las modificaciones contenidas en el Código civil.

No podrán prestar consentimiento como hemos visto los menores no emancipados y los incapacitados.

El objeto de la compraventa deberá determinarse y debe reunir ciertos requisitos:

— la cosa debe tener existencia real o posibilidad de existencia futura, esto es, que sea determinada o determinable en el momento de celebrarse el contrato;
— la cosa ha de ser de lícito comercio; como hemos visto, cabe la posibilidad de la venta de cosa ajena, siempre y cuando tengan conocimiento las dos partes.

El precio

El precio pagado por una cosa debe ajustarse a su valor; en caso contrario podría anularse dicha compraventa alegando engaño al haber pagado un precio mucho mayor de lo que realmente era su valor. Sin embargo, ello puede chocar con el principio de la libertad de precio, la autonomía de la voluntad de las partes y la libre economía.

EL CONTRATO DE ARRAS

En la compraventa de inmuebles es muy habitual, antes de firmar la escritura de compraventa, celebrar un contrato de arras mediante el cual se da una paga y señal. Las arras son un instrumento de garantía del futuro contrato de compraventa ya que formalizan la promesa de compra y la promesa de venta.

Podemos diferenciar dos tipos de arras:

a) Las arras confirmatorias: las arras confirmatorias se regulan en el artículo 343 del Código de comercio, cuando el comprador entrega una cantidad a cuenta del precio. En el supuesto que no se llegue a firmar la compraventa, el comprador perderá la cantidad entregada.

b) Las arras penitenciales: se regulan en el artículo 1.454 del Código civil. Si el comprador no compra, pierde las entregadas; pero si el vendedor no vende, deberá retornar al comprador por duplicado las arras recibidas. A la hora de celebrar este contrato, ambas partes deben ser conscientes del compromiso que contraen.

Un contrato de arras es un precontrato, y para el comprador interesa que se detalle al máximo las condiciones de la compraventa, que serán las siguientes:

— fijar si se pactan unas arras penitenciales o confirmatorias;
— fijar el precio y la forma de pago del mismo;
— indicar la descripción y la calificación urbanística de la finca objeto de la compraventa, así como del estado de cargas existentes y de la cancelación de las mismas;
— fijar la fecha del otorgamiento de la escritura;
— determinar a cargo de quién corren los impuestos y los gastos de notaría y registro.

Contrato de arrendamiento de bienes muebles

Es un contrato regulado por el Código civil y que se define en su artículo 1.543 como aquel por el que una de las partes se obliga a dar a la otra el goce o el uso de una cosa por un tiempo determinado y precio cierto.

Nos encontramos ante un derecho de carácter personal que corresponde al arrendatario en virtud del uso de una cosa a través de la conducta del arrendador .

El arrendamiento debe entenderse como un acto de administración, ya que no se cede el dominio, sino su utilidad, y en principio bastará que el arrendador tenga capacidad de contratar. Por tanto, sólo están excluidos los menores no emancipados y los incapacitados, atendiendo al alcance de la incapacitación. El artículo 1.548 del Código civil establece que los padres o tutores, respecto a los bienes de los menores o incapacitados y los administradores de bienes que no tengan poder especial ,no podrán dar cosas en arrendamiento por un término que exceda de seis años. Cuando el plazo sea superior, dejará de ser un acto de administración y pasará a ser un acto cuya realización precisa el consentimiento del titular de la cosa que sirve de soporte al arriendo o la autorización de un órgano o autoridad con atribuciones para permitir aquellos actos que exceden del ámbito de la administración.

El objeto del arrendamiento es doble, pues por un lado el arrendador o propietario se obliga a ceder el uso del bien y por otro el arrendatario se obliga a entregar un precio por ello.

El Código civil no establece una formalidad particular para este contrato, por lo que pueden ser escritos o verbales.

Obligaciones del arrendador y arrendatario

Son obligaciones del arrendador entregar el bien objeto del arrendamiento, comprendiendo dicha entrega no sólo el bien en sí mismo, sino también la de todos sus accesorios aun cuando no hubieran sido mencionados, debiendo ser recibido el bien por el arrendatario.

Igualmente está obligado el arrendador a hacer durante el arrendamiento todas las reparaciones necesarias con el fin de conservar el bien en estado de servir para el uso al que ha sido destinado, ya sean estas reparaciones por el desgaste natural del bien, por el mero transcurso del tiempo, del uso ordenado y correcto del arrendatario, como consecuencia de caso fortuito o de fuerza mayor, no alcanzando dicha reparación a la reconstrucción si el bien se ha destruido total o parcialmente.

Son obligaciones del arrendatario tal y como dispone el artículo 1.555 del Código civil el pago del precio del arrendamiento en los términos convenidos, y que este sea además exigible. Igualmente está obligado y tiene derecho subjetivo a usar de la cosa arrendada como un diligente padre de familia, destinándola al uso pactado, y en defecto de pacto, al que se infiera de la naturaleza de la cosa arrendada según la costumbre de la tierra. Si el arrendatario no usa el bien o no lo usa según lo pactado, dicha conducta puede constituir causa de incumplimiento contractual.

El arrendatario ha de responder del deterioro o pérdida de la cosa arrendada, a no ser que pruebe que no ha culpa suya.

Extinción del arrendamiento

El arrendamiento se termina por las causas siguientes:

— por cumplimiento del término pactado por las partes;
— por incumplimiento de las obligaciones fundamentales pactadas por parte del arrendado o del arrendatario;
— por pérdida de la cosa arrendada.

EL CONTRATO DE PRÉSTAMO

El préstamo es aquel contrato por el cual una parte entrega a la otra dinero u otra cosa fungible, a condición de devolver otro tanto de la misma especie y calidad. El préstamo puede ser gratuito o bien con pacto de pagar interés. Este contrato también es regulado por el Código de comercio en sus artículos 311 a 324.

Cuando los contratantes fuesen comerciantes, el préstamo se reputará mercantil y se regirá por el Código de comercio.

En cuanto a las obligaciones de las partes, constituye la obligación fundamental para el prestatario la devolución del préstamo. El artículo 1.753 del Código civil dispone que quien recibe en préstamo dinero u otra cosa fungible, adquiere su propiedad y ha de devolver al acreedor otro tanto de la misma especie y calidad.

El prestatario no deberá pagar intereses, salvo que así lo hubieran pactado con el prestamista y en ningún caso se aceptará la imposición de intereses que sean usurarios.

EL CONTRATO DE COMODATO

Dentro de los préstamos, y como una clase muy concreta de estos, se halla el comodato, siendo su característica específica que recae sobre una cosa no fungible (es decir, no sustituible), con el derecho a usarla durante un cierto tiempo y con la obligación irrenunciable de devolverla.

El comodato es, por definición, gratuito y si nos hallamos ante una figura que presente los rasgos propios de dicho contrato, pero interviniendo algún tipo de emolumento que haya de pagar el que adquiere el uso de la cosa cedida el contrato, no será nunca un comodato.

¿Quién debe atender los gastos ordinarios que sean necesarios para el uso y conservación de la cosa prestada?

El Código civil no ofrece duda al respecto, diciendo que tales gastos deben ser soportados por el comodatario o persona a la que se ha cedido la cosa. Esto nada tiene que ver con lo ya dicho respecto del carácter no retribuido del comodato.

Sin embargo, ¿qué ocurre si el comodatario no cumple con el destino previsto de la cosa prestada o si la retiene más allá del tiempo convenido para su devolución? Pues bien, en ambos casos la responsabilidad incumbe al comodatario.

EL CONTRATO DE DEPÓSITO

El contrato de depósito queda constituido desde que una persona recibe una cosa de otra persona, con la obligación de guardarla y devolverla sin poder usarla.

Por lo tanto, cuando alguien se va de viaje y nos entrega su pluma de oro para que se la guardemos mientras esté ausente, aunque no lo sepamos, queda constituido un depósito.

Características básicas del depósito son su carácter gratuito (es decir, que no se paga precio por el hecho de la custodia) y que recae sobre bienes muebles (es decir, sobre bienes distintos de los inmuebles o fincas).

```
                    ┌─────────────┐
                ┌──▶│  Préstamo   │
                │   │   simple    │
                │   └─────────────┘
┌──────────┐    │
│ Préstamo │────┤
└──────────┘    │                          ┌──────────────────────────┐
                │   ┌─────────────┐    ┌──▶│  Cosas fungibles (dinero) │
                └──▶│  Comodato   │────┤   └──────────────────────────┘
                    └─────────────┘    │   ┌──────────────────────────┐
                                       └──▶│  Cosas no fungibles       │
                                           └──────────────────────────┘
```

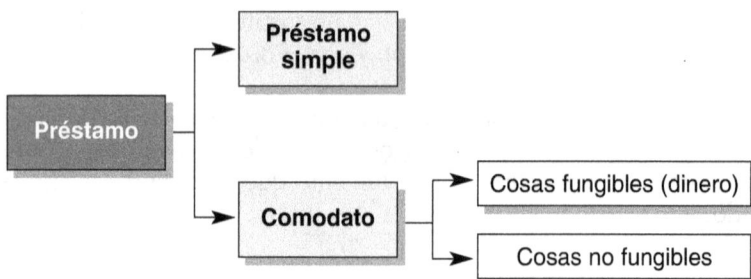

Así, si se paga una determinada cantidad por el hecho de que alguien custodie aquello que le hemos entregado, el contrato se desnaturaliza y deja de ser un depósito.

De igual forma, como se ha dicho, tampoco es un depósito si el objeto del contrato es un inmueble. Por lo tanto, cuando nos vamos de vacaciones y nuestra vecina se responsabiliza de vigilar nuestra casa mientras estemos ausentes no podemos considerar que tal compromiso suponga un contrato de depósito.

Las obligaciones básicas del depositario son guardar la cosa y devolverla, siendo las correlativas del depositante (es decir, de aquel que entrega la cosa) reembolsar los gastos que el depositario haya hecho para la conservación de la cosa depositada, así como indemnizarle de todos cuantos perjuicios se le hayan seguido del depósito.

Una clase específica de depósito, que no es acogida pacíficamente siempre por los tribunales y por los autores, es aquella en que el depositario no queda obligado a devolver la misma cosa que la recibida sino otras de su misma especie y calidad y en igual cantidad.

El supuesto más claro es el de los depósitos bancarios: es evidente que si efectúa un depósito bancario de un millón de pesetas (6.000 euros), el banco devolverá la misma cantidad, pero no con los mismos billetes que le fueron entregados en su día. Es decir, será retornada igual cantidad pero, físicamente, mediante unos billetes que no son los que fueron objeto de depósito.

Los derechos reales

Los derechos reales son los que se caracterizan por el dominio del hombre sobre las cosas, es decir, se trata de una relación persona-cosa. Dichos derechos pueden ser totales, como es el derecho de propiedad, o parciales, como el derecho de usufructo o el derecho a obtener los frutos de la cosa.

Es una característica del derecho real su inherencia e inmediatez a la cosa que lo hace oponible frente a todos. Ello supone que el titular de ese derecho tiene la facultad de obtener de la cosa el provecho correspondiente a su derecho sin mediación de otra persona. Así, por ejemplo, quien tiene un derecho de servidumbre de paso puede transitar por el fundo gravado con ella sin precisar de la cooperación o el consentimiento del dueño.

Los derechos reales los podemos clasificar en dos grandes grupos:

— la propiedad o señorío pleno;
— los derechos reales sobre cosa ajena o derechos limitados.

La propiedad

El derecho de propiedad es un derecho subjetivo que faculta a su titular, el propietario, para aprovechar la relación económica que tiene con sus bienes de acuerdo con lo que permite la ley. Se trata pues de una relación jurídica entre una persona y una cosa.

El contenido de esta relación, que es muy diverso y amplio, depende del objeto de la propiedad. De este modo, las facultades de las que es titular el propietario son distintas en la propiedad intelectual o en la propiedad industrial, por un lado, y las que tiene atribuidas el propietario de un automóvil o de una finca, por otro. En todo caso, el derecho de propiedad se configura como la suma de facultades que tiene una persona sobre una cosa o bien que le permite beneficiarse de la misma según lo que el ordenamiento legal autoriza.

El artículo 348 del Código civil nos dice que la propiedad es un derecho en el que se contienen fundamentalmente dos órdenes de facultades: la de gozar y la de disponer.

El goce debe ser entendido en la utilización directa del bien por el propietario o, en otras palabras, en la posibilidad de obtener de modo directo las utilidades que tenga la cosa.

En lo que concierne a la facultad de disposición, esta constituye la expresión más intensa del goce, porque representa la realización plena del valor de cambio de las cosas.

El propietario tiene limitados sus derechos y deberes: en primer lugar el deber negativo de no invadir la esfera de la propiedad ajena, de no dañar a los terceros; y en segundo, el deber de tolerar o soportar la agresión y el sacrificio de un interés, como por ejemplo el deber de matar el ganado infectado.

El artículo 349 de nuestro Código civil establece que nadie podrá ser privado de su propiedad sino por autoridad competente y por causa justificada de utilidad pública, previa siempre la correspondiente indemnización. De esta forma, el Estado se guarda una carta para privar de propiedad mediante la expropiación forzosa y con la correspondiente indemnización siempre y cuando se realice atendiendo la primacía del interés público.

La posesión

La posesión es la dominación de una cosa que se tiene e implica un contacto directo, inmediato, con ella. La posesión natural es la tenencia de una cosa o el disfrute de un derecho por una persona. La ley valora el hecho de la posesión con independencia de la causa o fundamento del poder o dominación del poseedor sobre la cosa. La posesión puede ser consecuencia de un derecho: del de propiedad, del de usufructo, etc. Pero las consecuencias jurídicas que, según la ley, desencadena la posesión no dependen de la relación de hecho posesorio respecto a otro derecho, sino de la existencia de la posesión como hecho.

Podemos hablar de posesión civil, que estaría por encima de la posesión natural, en el sentido de que la posesión civil goza de mayor protección jurídica. La posesión civil se integra con el mismo elemento básico que la posesión natural: el hecho de la tenencia o disfrute de la cosa; pero, además, debe tener por parte del poseedor la intención de poseer la cosa como propia. El efecto jurídico de la posesión civil son la adquisición del dominio por prescripción adquisitiva. Cabe la posesión de derechos, ya que el poseedor puede tener la cosa o bien como propietario, como usufructuario, o como titular de otro derecho real susceptible de posesión.

También tenemos que hablar de la posesión de buena fe. Es un concepto que condiciona los efectos jurídicos del hecho posesorio, especialmente en relación con la liquidación del estado posesorio y en los casos de tratarse de una posible adquisición por prescripción. Por lo tanto, se distingue entre la posesión de buena fe en relación con la posesión general y la posesión de buena fe en la posesión civil. En todo caso, los hechos que dan contenido a la buena fe son los que, al no concurrir, perfilan el concepto contrapuesto de la posesión de mala fe. Si se trata de la posesión de la buena fe, consiste en el estado de ignorancia en que se encuentra el poseedor respecto a la existencia de un vicio en el título o modo de adquirir de quien, a consecuencia de tal efecto, queda en la condición de poseedor civil.

Sujetos de la posesión

El poseedor puede ser una persona física o una persona jurídica. Respecto a la persona física, se plantea la capacidad que necesita para poder ejercer la posesión. En este sentido, el artículo 443 del Código civil establece que los menores y los incapaces pueden adquirir la posesión de las cosas, pero necesitan de la asistencia de sus representantes legítimos para usar de los derechos que de la posesión nazcan a su favor.

En cuanto a las personas jurídicas, el artículo 38 dispone que estas pueden adquirir y poseer bienes de todas clases. Dicha posesión se materializará a través de la persona física que sea representante de la sociedad o asociación.

Objeto de la posesión

Pueden ser objeto de la posesión las cosas o los derechos. El artículo 437 del Código civil dispone que sólo pueden ser objetos de la posesión las cosas y derechos que sean susceptibles de apropiación. Quedan excluidos los bienes inmateriales.

Pérdida de la posesión

El poseedor puede perder su posesión:

— por abandono de la cosa, ya que se considera un acto de desprendimiento voluntario;
— por cesión hecha a otra persona por título oneroso o gratuito;
— por destrucción o pérdida total de la cosa, o por quedar esta fuera del comercio;
— por la posesión de otro, aun contra la voluntad del antiguo poseedor, si la nueva posesión hubiese durado más de un año, si bien durante este periodo de tiempo el poseedor legítimo puede interponer un interdicto para interrumpir la posesión del nuevo poseedor.

La persona que recupera conforme a derecho la posesión indebidamente perdida, se entiende para todos los efectos que puedan redundar en su beneficio que la ha disfrutado sin interrupción. Es necesario que recupere la posesión antes de un año. La posesión de la cosa mueble no se entiende perdida mientras se halle bajo el poder del poseedor, aunque este ignore accidentalmente su paradero. Los animales fieros sólo se poseen mientras se hallen en nuestro poder; los animales domesticados o amansados se asimilan a los mansos o domésticos si conservan la costumbre de volver a la casa del poseedor.

El derecho de usufructo

El derecho de usufructo es el derecho de goce que tiene una persona, llamada *usufructuario*, sobre una cosa que sea propiedad de otra persona, llamada *nudo propietario*. El derecho de usufructo se fundamenta en el esquema de los derechos reales en cosa ajena: se separa el valor intrínseco de la cosa y su valor en uso o su aprovechamiento, y se atribuye el primero al nudo propietario, así denominado por carecer de toda facultad de utilización de la cosa, y atribuyendo el segundo al usufructuario.

El usufructo no implica la división del dominio y tampoco el establecimiento de una situación de indivisión. El usufructo se extingue y no puede durar más que la vida del usufructuario. En dicho momento el nudo propietario consolida su dominio pleno a su favor.

El artículo 467 del Código civil establece que el usufructo da derecho a disfrutar los bienes ajenos con la obligación de conservar su forma y sustancia, a no ser que el título de su constitución o la ley autoricen otra cosa.

Constitución y régimen

El usufructo se constituye por la ley, por la voluntad de los particulares manifestada en actos entre vivos o en última voluntad, y por prescripción. Podrá constituirse el usufructo en todo o en parte de los frutos de la cosa, a favor de una o varias personas, simultánea o sucesivamente, y en todo caso, desde o hasta cierto día puramente o bajo condición.

Los derechos y obligaciones del usufructuario serán los que determine el título de constitutivo del usufructo.

El usufructuario

El usufructuario tendrá derecho a percibir todos los frutos naturales, industriales y civiles, de los bienes usufructuados. Respecto a los tesoros que se hallaren en la finca será considerado como extraño. También tendrá derecho el usufructuario a los frutos naturales o industriales pendientes al tiempo de comenzar el usufructo. Por el contrario, los pendientes al tiempo de extinguirse el usufructo pertenecen al propietario.

El usufructuario, antes de entrar en el goce de los bienes, está obligado a las siguientes acciones:

— realizar un inventario de todos los bienes, haciendo tasar los muebles y describiendo el estado de los inmuebles;
— prestar fianza, comprometiéndose a cumplir las obligaciones que le correspondan con arreglo a esta sección.

Estas obligaciones podrán ser dispensadas cuando de ello no resultare perjuicio a nadie.

El usufructuario deberá cuidar las cosas dadas en usufructo como un buen padre de familia. Deberá realizar las reparaciones ordinarias que necesiten las cosas dadas en usufructo. Las reparaciones extraordinarias correrán por cuenta del propietario.

El pago de las cargas y contribuciones anuales y el de las que se consideran gravámenes de los frutos, será de cuenta del usufructuario todo el tiempo que el usufructo dure.

Asimismo, el usufructuario estará obligado a poner en conocimiento del propietario cualquier acto de un tercero, de que tenga noticia, que sea capaz de lesionar los derechos de propiedad, y responderá, si no lo hiciere, de los daños y perjuicios, como si hubieran sido ocasionados por su culpa.

La extinción del usufructo

El usufructo se extingue:

— por muerte del usufructuario;
— por expirar el plazo por el que se constituyó, o cumplirse la condición resolutoria consignada en el título constitutivo;
— por la reunión del usufructo y la propiedad en una misma persona;
— por la renuncia del usufructuario;
— por la pérdida total de la cosa objeto del usufructo;
— por la resolución del derecho del constituyente;
— por prescripción.

El derecho de servidumbre

La servidumbre es un derecho real sobre cosa ajena, de un goce de cosa ajena limitado. El derecho de servidumbre se manifiesta a través de algunas situaciones en las que el propietario de una finca tiene la facultad de servirse de una finca ajena. En España es muy común, por ejemplo, el derecho de paso de una finca a favor de otra.

El artículo 530 del Código civil establece que la servidumbre es un gravamen impuesto sobre un inmueble en beneficio de otro perteneciente a distinto dueño. El inmueble a cuyo favor está constituida la servidumbre se llama *predio dominante* y el que la sufre *predio sirviente*.

Sin embargo, hay que distinguir las servidumbres de los límites al dominio que regula el Código civil.

No cabe la servidumbre sobre el bien inmueble propio, es decir, cuando el predio dominante y el predio sirviente coinciden en una misma persona se produce una consolidación: se confunde dicha servidumbre en una misma persona y por lo tanto se extingue.

Clases de servidumbre

Los sujetos de la servidumbre serán el dueño del predio dominante y el dueño del predio sirviente. El dueño del predio dominante debe poder contratar, suceder, etc., y por lo tanto puede constituir una servidumbre con el dueño sirviente. No podrá menoscabar en modo alguno el uso de la servidumbre constituida. El dueño del predio sirviente podrá disponer de la cosa o del predio para que se constituya la servidumbre sobre este. El dueño del predio sirviente no podrá menoscabar en modo alguno el uso de la servidumbre constituida.

Por su origen

En esta clase o categoría existen los siguientes tipos de servidumbre:

— *voluntaria:* nace del negocio jurídico acordado entre las partes;
— *forzosa:* se constituye por ley.

Por su titularidad

Se distinguen los siguientes tipos:

— *predial:* es aquel gravamen impuesto sobre un inmueble en beneficio de otro perteneciente a otro dueño;
— *personal:* en provecho de una o más personas o una comunidad.

Extinción de la servidumbre

Las servidumbres se extinguen:

— por reunirse en una misma persona la propiedad del predio dominante y la del sirviente (consolidación);
— por el no uso de la servidumbre durante veinte años;

— cuando los predios vengan a tal estado que no pueda usarse de la servidumbre; pero esta revivirá si después el estado de los predios permitiera uso de ella, a no ser que cuando sea posible el uso, haya transcurrido el tiempo suficiente para la prescripción, esto es, los 20 años;
— por llegar el día o realizarse la condición;
— por la renuncia del dueño del predio dominante;
— por la redención convenida entre el dueño del predio dominante y del predio sirviente.

El derecho de hipoteca

La hipoteca que se constituye sobre fincas es el supuesto más extendido de los derechos reales de garantía. Es importante tener en cuenta que para que sean plenamente válidas, deben constar inscritas en el Registro de la propiedad.

El impago de las cuotas supone incurrir en el riesgo de verse privado del inmueble hipotecado mediante un procedimiento que se regula en la Ley Hipotecaria.

Hipoteca mobiliaria

Los bienes objeto de una hipoteca mobiliaria son los establecimientos mercantiles, los vehículos de motor, las aeronaves, la maquinaria industrial y la propiedad intelectual e industrial.

Para constituirla es necesario otorgar una escritura pública que deberá ser inscrita en un registro especial.

Créditos y préstamos hipotecarios

En numerosas ocasiones se oye hablar de créditos y de préstamos hipotecarios, figuras que no son exactamente iguales pero cuya diferenciación no siempre resulta clara.

Desde el punto de vista de la entidad prestamista, la diferencia radica en que en el crédito se cobrarán intereses sólo por la cantidad efectivamente dispuesta. Es decir, si se ha otorgado un préstamo de cinco millones (30.000 euros) pero sólo se ha hecho uso de un millón (6.000 euros), se pagarán intereses sobre este millón de pesetas y sobre los cuatro restantes (24.000 euros) se cobrará una comisión. A su vez, si se trata de un préstamo, los intereses que deban satisfacerse serán calculados sobre la cantidad total del que aquel sea objeto.

Es interesante también diferenciar los préstamos y créditos dependiendo de si son personales o hipotecarios: un préstamo o un crédito personal es aquel préstamo o crédito de cuya devolución se responde con todos los bienes, presentes y futuros. En otras palabras: cuando no se puede devolver un préstamo o un crédito de carácter personal, la responsabilidad lo es con todos los bienes que se tengan (presentes) o se puedan tener (futuros) por igual.

Contrariamente, un préstamo o un crédito hipotecario (o con garantía hipotecaria, que es lo mismo) supone que la vivienda sobre la que se ha constituido la hipoteca responderá con carácter preferente de la devolución de la cantidad prestada u objeto de crédito.

Debe tenerse en cuenta (como ya se ha dicho antes) que la existencia de una hipoteca no significa que sólo se responda ante el banco o la caja de ahorros con el bien hipotecado: la responsabilidad seguirá siendo (salvo rarísimas excepciones) del tipo *universal* (con todos los bienes presentes y futuros), siendo la existencia de la hipoteca un refuerzo de las garantías de la devolución.

A diferencia de los préstamos o créditos personales, los que se hallan reforzados con garantía hipotecaria deberán ser constituidos mediante escritura pública. Los personales también pueden serlo, pero no necesariamente.

Otros derechos reales

Además de los que hemos podido ver, cabe destacar otros no menos importantes. Son los siguientes:

— el derecho de superficie;
— la prenda;
— la anticresis;
— los derechos reales de adquisición.

El derecho de superficie es la cesión de un terreno por su propietario a otra persona para que edifique en él, explotando esta el resultado de su trabajo y con la obligación de restituir al dueño de la finca, tras un determinado plazo, la finca y lo edificado en ella.

La prenda es muy similar a la hipoteca, pero supone que lo entregado en garantía es un bien mueble; es decir, no una finca, sino, por ejemplo, una máquina determinada, cuya posesión pasará a manos del acreedor. Una variante de esta figura es la que se llama *prenda sin desplazamiento*, en la que el bien dado en garantía queda en poder del deudor. Se regula mediante una ley del año 1954. Las prendas sin desplazamiento se constituyen en escritura notarial y son inscritas en un registro al que también tienen acceso las hipotecas mobiliarias.

Por lo que se refiere a la anticresis, según el artículo 1.881 del Código civil, esta se realiza cuando un deudor adquiere el derecho de percibir los frutos de un inmueble de su deudor, con la obligación de aplicarlos al pago de los intereses, si se debiere, y después al del capital de su crédito.

EJEMPLO

El señor A, propietario de una finca que tiene arrendada a un banco, es deudor del señor B.

Puesto que el arrendamiento supone para el señor A la obtención mensual de una renta, acuerda con el señor B que le entregará la renta que reciba del banco, a fin de reducir paulatinamente el importe de la deuda. Es decir, el señor A constituirá, sobre la finca que tiene arrendada al banco, una anticresis a favor del señor B y, en el supuesto de que el banco deje de satisfacer la renta, el señor B podrá exigir la venta judicial de la finca y recuperar la cantidad que le adeude el señor A.

Para terminar — de forma muy esquemática— podemos afirmar que los derechos reales de adquisición son todos aquellos que otorgan a su titular la posibilidad de pasar a ser propietario del bien sobre el que se ha constituido el derecho en cuestión.

Para aplicarlo al propietario de una vivienda sobre la que se haya constituido uno de tales derechos, este debe poseer una capacidad de disposición limitada o condicionada. Existen tres tipos: el tanteo y el retracto (que algunos autores afirman que se trata de dos momentos de un mismo derecho) y la opción.

Según el derecho de tanteo y de retracto, si el propietario de la finca desea venderla, debe ofrecerla en primer lugar a la persona a favor de la cual se halla inscrito (derecho de tanteo) y si no lo hace, que esta pueda oponerse a la venta (derecho de retracto).

Un derecho de opción (también llamado *opción de compra*) permite a quien lo tiene concedido la adquisición de una finca antes que a cualquier otro durante un periodo de tiempo determinado.

EJEMPLO

El señor A, que vive en Huelva, está interesado en adquirir la vivienda propiedad de la señora B, sita en Palencia, pero sólo si la empresa para la que trabaja lo nombra director regional. Puesto que la decisión de la empresa se conocerá en dos meses pero, al mismo tiempo, las condiciones en las que la señora B ofrece su vivienda son muy ventajosas, suscribe un contrato de opción de compra.

Mediante este, el señor A tiene concedida, durante dos meses, la opción de comprar el piso de la señora B por el precio y las condiciones que pactan. El señor A paga una determinada cantidad como precio de esta opción y, a cambio, la señora B se obliga a no venderlo a ninguna otra persona durante el tiempo por el que la opción se halla vigente. Por tanto, la señora B, que es plena propietaria del piso en cuestión, tiene limitada su capacidad de disposición sobre dicho bien. Para que todo el mundo pueda tener conocimiento de la existencia del derecho de opción de compra, el señor A y la señora B comparecen ante un notario y otorgan una escritura pública que llevarán a inscribir al Registro de la Propiedad que corresponda.

La sucesión

Una de las ramas más importantes del Derecho civil es el Derecho sucesorio, que ha sido tratado y regulado por todas las civilizaciones a lo largo de la historia.

El Derecho privado, al tener que regular la suerte o destino de las relaciones jurídicas de una persona fallecida, ha de atender a una serie de circunstancias concurrentes como el tipo de bienes y deudas que deja la persona fallecida, quiénes son sus parientes más próximos, si el causante deja expresada su última voluntad, etc.

Sistemas sucesorios

En los distintos ordenamientos de los países de nuestro entorno, existen diversas clases de sucesión *mortis causa* por razón de su origen:

— la sucesión testada (por testamento);
— la sucesión intestada o forzosa;
— la sucesión contractual no admitida en nuestro derecho.

Por lo tanto, tal y como dispone el artículo 658 del Código civil, la sucesión intestada tiene lugar cuando el difunto no ha dejado testamento, siendo llamados los herederos por disposición de la ley.

La sucesión intestada puede coexistir con la testada siempre y cuando esta no comprenda el total haber hereditario del causante,

Sistemas sucesorios		
Sucesión testada	**Sucesión intestada o forzosa**	**Sucesión contractual**
Tiene lugar cuando la sucesión se fundamenta en el testamento que ha hecho el causante.	Tiene lugar cuando el causante no ha hecho testamento o, en caso de haberlo hecho, este no llega a aplicarse. En este caso la Ley dispone a quién corresponde la herencia y quiénes son los herederos.	A falta de testamento, supone la existencia de un convenio o contrato sobre la herencia futura. Esta modalidad no es admitida en nuestro derecho.

de tal forma que la herencia podrá deferirse en una parte por voluntad del testador y en otra por disposición de la ley.

La sucesión intestada no sólo se da cuando no hay testamento, sino también cuando aun existiendo testamento, este no llega a aplicarse por premoriencia o repudiación del heredero instituido en el testamento.

El contenido de la herencia

El contenido de la herencia es la totalidad del patrimonio del causante como universalidad, formada por el conjunto de relaciones jurídicas activas y pasivas de las que era titular siempre que no se extingan por su muerte.

Forman el contenido de la herencia los elementos siguientes:

a) *Derechos patrimoniales:* la regla general de los derechos patrimoniales es su transmisibilidad y, por lo tanto, la posibilidad de que formen parte de la herencia. No se consideran transmisibles los derechos personalísimos, como los de uso y habitación, ni los que se extinguen por la muerte del titular, como puede ser el usufructo.

b) *Obligaciones patrimoniales:* el heredero adquiere el patrimonio del causante en su totalidad, incluidas las obligaciones.

c) *Derechos extrapatrimoniales:* también forman parte del contenido de la herencia algunos derechos no patrimoniales, como el derecho moral del autor, la acción de calumnia e injuria y otros.

Por otra parte, los derechos que no integran el contenido de esta herencia son los siguientes:

a) *Derechos de la personalidad:* son el derecho al nombre y apellidos, el derecho al honor, a la imagen y a la intimidad personal, y el derecho a la libertad y a la vida.

b) *Derechos de familia:* no se incluyen en el contenido de la herencia y no son transmisibles *mortis causa.* No hay duda, en cambio, respecto a los derechos personales derivados del matrimonio e incluso de los derechos de carácter económico. Así, la patria potestad conjunta o el derecho de alimentos deviene única en cabeza del cónyuge sobreviviente, no por haber recibido por herencia su parte del cónyuge premuerto, sino por disposición legal.

c) *Derechos de carácter público:* aquellos derechos que corresponden a la persona en cuanto miembro de la comunidad se extinguen por su muerte sin que se integren en la herencia. Los más comunes son los derechos políticos, como el de sufragio o elección, y los derechos administrativos derivados del desempeño de un cargo.

La sucesión *mortis causa*

Concepto y clases

La sucesión se produce cuando una o varias personas asumen la titularidad del patrimonio de otra que fallece. Cuando el causante ha fallecido habiendo dejado testamento, se habla de sucesión voluntaria o testamentaria; por el contrario, cuando el fallecido no ha dejado testamento la sucesión es abintestato o intestada.

Si la muerte de una persona supusiera la extinción de las relaciones jurídicas que tenía el difunto, se produciría una grave inseguridad en la vida jurídica, ya que se extinguirían los créditos y las deudas, beneficiándose así sin causa los propietarios y deudores y perjudicándose a los acreedores.

Apertura de la sucesión

La apertura de la sucesión se produce en el momento del fallecimiento del causante.

En dicho momento el patrimonio del fallecido se ha quedado sin titular y se hacen efectivos los llamamientos a la herencia, los cuales, como hemos dicho, pueden haber sido realizados por el testador (sucesión testamentaria) o por la ley (sucesión abintestato).

Como veremos más adelante, los llamados a la sucesión tienen la facultad de aceptar o repudiar la herencia (delación).

A diferencia de otros países de nuestro entorno, para adquirir la herencia se requiere el acto previo de la aceptación del llamado a suceder. La aceptación implica la asunción de la condición de heredero y determina la adquisición de la herencia.

Podemos clasificar la sucesión *mortis causa* según el origen de la sucesión y el objeto sobre el que recae, a saber: la sucesión voluntaria, la sucesión legal, la sucesión particular y la sucesión universal.

Sucesión voluntaria y sucesión legal

La sucesión voluntaria o testamentaria es aquella en la que el difunto ha designado libremente la persona del sucesor o sucesores.

Por contra, la sucesión es legal o abintestato cuando el causante no ha manifestado su voluntad y esta es sustituida por la ley. Cuando el causante fallece sin haber dejado testamento, nuestro ordenamiento prevé quién debe heredar sus bienes y derechos.

Sucesión universal y sucesión particular

Nuestro Código civil dispone que el heredero será quien sucede a título universal y el legatario el que sucede a título particular. Sin embargo no define qué significa suceder a título universal y particular.

La herencia, como ya hemos dicho, viene constituida por el patrimonio total del causante en el momento del fallecimiento, es decir, por el conjunto de bienes, derechos y obligaciones que no se extinguen por la muerte de la persona.

La herencia constituye el objeto sobre el que recae la sucesión *mortis causa*. En virtud de ello, la persona llamada a recibir la totalidad o una parte alícuota de la herencia sucede a título universal. Por el contrario, quien es llamado a adquirir un bien o un derecho concreto y determinado sucede a título particular.

En este sentido podemos diferenciar entre el heredero y el legatario: mientras que el primero es un sucesor a título universal, el segundo lo es a título particular.

El heredero

Como ya hemos dicho, el heredero es el llamado a suceder al causante y además acepta la herencia del mismo.

La herencia, como ya nos hemos referido anteriormente, comprende todos los bienes, derechos y obligaciones de una persona que no se extingan por su muerte; es pues el objeto de la sucesión *mortis causa*, y equivale al patrimonio total del difunto.

El heredero pasa a tener esta condición cuando se suceden las siguientes fases:

a) *Fallecimiento del causante:* en primer lugar debe darse la apertura de la sucesión, que tiene lugar a la muerte del causante.

El momento en que se da por fallecido al causante tiene una gran trascendencia en el fenómeno sucesorio, ya que al abrirse la sucesión, el llamado a la herencia ha de existir para que sobreviva al causante y pueda heredarle.

b) *Vocación:* una vez abierta la sucesión, se hacen efectivos los llamamientos a la sucesión. Al llamamiento efectivo se le denomina también *vocación*.

Con la apertura de la sucesión tiene lugar otro momento del fenómeno sucesorio sumamente importante: la delación. A este poder atribuido al llamado a suceder se le denomina *ius delationis* o *derecho de delación*. La delación es la facultad que tienen los llamados a heredar a aceptar o repudiar la herencia.

Si el llamado muere sin aceptar o repudiar la herencia, el derecho de delación que él tenía pasa a sus herederos.

Capacidad para suceder

El Código civil establece que podrán suceder por testamento o abintestato aquellas personas que no estén incapacitadas por la ley. A continuación, el mismo texto legal especifica quiénes son las que no pueden suceder y enumera a las personas que quedarán excluidas para la sucesión, a pesar de haber sido designadas como herederos por el propio causante. Estas consideraciones se conocen como *incapacidades absolutas*.

Según el artículo 745 del Código civil, las personas incapacitadas para la sucesión son las siguientes:

— las criaturas abortivas, entendiéndose tales las que no cumplan con las circunstancias expresadas en el artículo 30 del Código civil: sólo se reputará nacido el feto que tuviere figura humana y viviere 24 horas desprendido del seno materno;
— las asociaciones o corporaciones no permitidas por la ley.

El requisito necesario para suceder es que la persona física o jurídica tengan personalidad jurídica.

En lo que se refiere a las personas jurídicas, la capacidad sucesoria de las mismas es indiscutible siempre y cuando adquieran la personalidad jurídica por constituirse con arreglo a la ley.

Incapacidad para suceder

Aparte de las mencionadas en el epígrafe anterior, el Código civil recoge unos supuestos que tradicionalmente se consideran como incapacidades relativas, porque contemplan sólo una sucesión concreta y determinada. Estas deben ser objeto de una interpretación restrictiva, en tanto que limitan la voluntad del testador y rigen únicamente en la sucesión testamentaria. Tales incapacidades son:

— la prohibición impuesta al confesor;
— la prohibición impuesta al tutor;
— la prohibición impuesta al notario;
— persona incapaz.

La indignidad

Son incapaces para suceder por causa de indignidad, entre otros:

— los padres que abandonen, prostituyan o corrompan a sus hijos;
— el condenado a juicio por haber atentado contra la vida del testador, su cónyuge, descendientes o ascendientes;
— el que hubiese acusado al testador de delito, al que la ley señale pena no inferior a la de presidio o prisión mayor, cuando la acusación sea declarada calumniosa;
— el heredero mayor de edad que, sabedor de la muerte violenta del testador, no la hubiese denunciado a la justicia dentro de un mes;
— el que con amenaza, fraude o violencia impide al testador hacer testamentos, o le obligase a hacerlo, cambiarlo, revocar el que tuviere hecho, o suplantar, ocultar o alterar otro posterior.

Aceptación y repudiación de la herencia

La aceptación y repudiación de la herencia son actos enteramente voluntarios y libres, por parte de los futuros herederos.

Para que la aceptación o repudiación de la herencia sea eficaz, se exige que se haya abierto la sucesión porque nadie puede aceptar o repudiar sin que conste la certeza de la muerte o declaración de fallecimiento de la persona a quien se vaya a suceder. Asimismo, como hemos visto con anterioridad, se requiere que el aceptante o repudiante haya sido llamado a la sucesión.

Formas de aceptación

La herencia puede ser aceptada expresa o tácitamente:

a) Aceptación expresa: se hace en documento público o privado, ya que exige la forma escrita, sea en documento ante notario o autoridad judicial o gubernativa, sea en cualquier documento privado.

b) Aceptación tácita: se hace por actos que suponen necesariamente la voluntad de aceptar. Serán aquellos actos positivos que indiquen la intención de querer ser heredero, y de los que se deduzca la aceptación de la herencia.

Capacidad para la aceptación

Para aceptar o repudiar una herencia es requisito indispensable que el llamado a suceder tenga la libre disposición de sus bienes. Se exige por la ley que el futuro heredero tenga plena capacidad de obrar y esté dotado de las plenas capacidades físicas y mentales para realizar actos de disposición.

La repudiación de la herencia

La renuncia o repudiación de la herencia es la contrapartida de la aceptación y consiste en la declaración de voluntad del llamado a una herencia de no ser heredero y de no adquirir por ende los bienes hereditarios. Sin embargo, como nada había llegado a adquirir, respecto de los bienes y derechos hereditarios, no hay renuncia, sino voluntad de no adquirir.

Así como la aceptación puede ser expresa o tácita, y la expresa puede hacerse tanto en documento público como en documento privado, para la repudiación es necesaria una renuncia expresa con el fin de salvaguardar los intereses de los demás coherederos y de los acreedores. El Código civil dispone que la repudiación ha de hacerse ante notario o por escrito presentado ante el juez competente para conocer de la testamentaria o abintestato.

EFECTOS DE LA REPUDIACIÓN

El efecto principal que se deriva de la repudiación es que la persona que renuncia no llega a ser heredero, si bien es un tercero que conserva todos los derechos que tuviera contra el causante. Por lo tanto, quien repudia la herencia es porque no la ha poseído en ningún momento. No obstante, si la hubiere administrado provisionalmente, estará obligado a rendir cuentas de su gestión.

ACEPTACIÓN DE LA HERENCIA A BENEFICIO DE INVENTARIO

Como ya hemos visto, cuando el llamado a suceder acepta pura y simplemente la herencia del causante, aquel pasa a ser el heredero y como tal responde de las deudas y cargas inherentes a la misma no sólo con los bienes heredados, sino también con los suyos propios.

Para que este último efecto no se produzca, la ley atribuye la facultad de aceptar la herencia a beneficio de inventario. De esta forma la herencia queda como un patrimonio separado, del propio patrimonio del heredero, que no recibe nada si las deudas de la herencia no superan a los bienes. Sólo cuando los bienes tienen un valor superior a las deudas, el heredero recibirá el remanente.

El heredero podrá aceptar la herencia a beneficio de inventario, aunque el testador se lo haya prohibido. También podrá pedir la formación de inventario antes de aceptar o repudiar la herencia.

La aceptación de la herencia a beneficio de inventario podrá llevarse a cabo ante notario, o por escrito, ante cualquiera de los jueces que sean competentes para prevenir el juicio de testamentaría o abintestato.

Para que la declaración de aceptación de la herencia a beneficio de inventario produzca efectos debe ir acompañada de un inventario fiel y exacto de todos los bienes de la herencia, hecho con las formalidades y dentro de los plazos que se determinan en la ley (artículos 1.013, 1.014 y 1.015).

La partición y la colación

Cuando son varias las personas llamadas a una misma herencia, y por lo tanto son varios los sucesores a título universal, se constituye automáticamente una comunidad hereditaria. La comunidad hereditaria surge desde que los llamados a suceder aceptan la herencia y permanece hasta que se lleva a cabo la partición de la misma.

La comunidad hereditaria la pueden formar tanto los herederos testamentarios y los legales, que son titulares sobre la parte de herencia que les corresponde y, en consecuencia, pueden enajenarla, cederla, hipotecarla o afectarla con un embargo sobre la misma. Los coherederos son titulares de una cuota o participación sobre la totalidad de la herencia, que no se traducirá en bienes concretos hasta que se efectúe la partición, liquidación y adjudicación de bienes, como veremos más adelante.

La partición de la herencia es el acto por el que se extingue el estado de comunidad hereditaria, atribuyendo bienes y derechos concretos a los coherederos. Sus cuotas se transforman en bienes singulares, desapareciendo totalmente la comunidad hereditaria.

Legitimación para pedir y realizar la partición

La capacidad de pedir la partición es propia de todo coheredero que tenga la libre administración y disposición de sus bienes: en el caso de los coherederos incapacitados y ausentes deberán pedirla sus representantes legítimos.

La partición pueden llevarla a cabo:

— el causante directamente en sus disposiciones testamentarias;
— el contador-partidor o comisario designado por el testador;
— los propios coherederos si son mayores de edad y tienen la libre disposición de sus bienes;
— un tercero al que los coherederos encomiendan esta misión;
— la autoridad judicial si los herederos no se ponen de acuerdo.

El acto particional

Para llevar a cabo la partición, pueden distinguirse dos fases: una primera de carácter preparticional, que comprende el inventario, el avalúo o tasación y la liquidación para determinar el activo neto que debe repartirse entre los coherederos, y una segunda, ya particional, en la que se constituyen los lotes que deben adjudicarse a los interesados.

Efectos de la partición

El primer efecto de la partición de la herencia es la extinción de la comunidad hereditaria y la transformación de la cuota de cada heredero en una propiedad concreta sobre bienes determinados. La partición legalmente confiere a cada heredero la propiedad exclusiva de los bienes que le hayan sido adjudicados.

Hecha la partición de la herencia, los coherederos estarán recíprocamente obligados a la evicción y saneamiento de los bienes adjudicados. La evicción y saneamiento en los bienes significa que si los bienes que recibe un sucesor están gravados con alguna carga o existe algún vicio que no ha sido tenido en cuenta en el momento de hacer los lotes, todos los coherederos deben responder de forma solidaria. En este supuesto, es claro que el equilibrio entre los coherederos se ha alterado y debe adoptarse alguna solución para repararlo.

La colación

El artículo 1.035 dispone al respecto: «El heredero forzoso que concurra a una sucesión con otros que también los sean, deberá traer a la masa hereditaria los bienes o valores que hubiere recibido del causante de la herencia, en vida de este, por dote, donación, u otro título lucrativo, para computarlo en la regulación de las legítimas y en la cuenta de partición».

EJEMPLO

Un causante ha dejado su herencia a sus dos hijos, el señor A y el señor B, por partes iguales. Si al señor A le dejó en vida un inmueble por valor de 80.000.000 de ptas. (480.000 euros), siendo el valor de los bienes del causante de 40.000.000 de ptas. (240.000 euros), sin tener en cuenta la donación anterior, este no heredará nada porque se entiende que ya heredó su parte con la donación del inmueble. En consecuencia, el valor de la herencia valorada en 80.000.000 de ptas. se divide en los dos hijos a razón de 40.000.000 de ptas. para cada uno. Aunque el señor A los recibió antes del fallecimiento del causante, se computan a efectos de la sucesión.

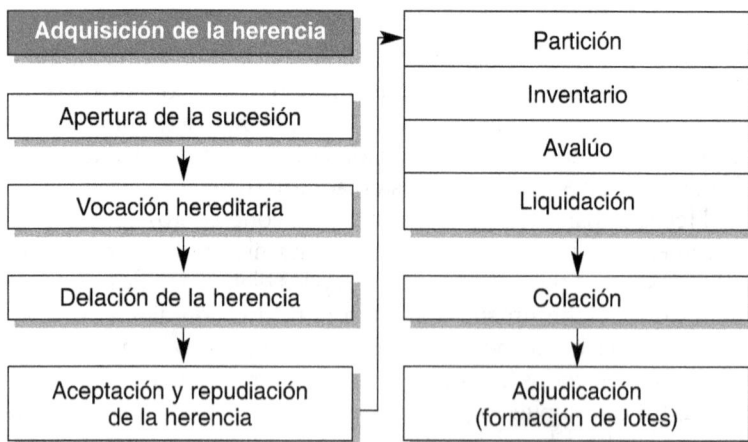

Adquisición de la herencia	Partición
Apertura de la sucesión	Inventario
	Avalúo
Vocación hereditaria	Liquidación
Delación de la herencia	Colación
Aceptación y repudiación de la herencia	Adjudicación (formación de lotes)

La sucesión testada

La sucesión testada es la que ha sido dispuesta por la voluntad del causante en testamento. Puede coexistir con la intestada cuando en la primera no ha dispuesto el testador de todo su patrimonio.

El testamento

El Código civil lo define como aquel acto por el cual una persona dispone para después de su muerte de todos sus bienes o de parte de ellos.

En el testamento, además de las disposiciones de contenido patrimonial, también caben las disposiciones de naturaleza personal o familiar del testador, tales como la designación de un tutor, el reconocimiento de un hijo extramatrimonial o las instrucciones sobre cómo desea que sea el funeral.

Clases de testamento

Existen dos tipos de testamento: el común y el especial.

El testamento común exige los requisitos o solemnidades generales y puede ser utilizado por cualquier persona que posea capacidad para testar. Existen tres clases:

a) Testamento ológrafo: es el testamento que escribe el testador de su puño y letra, y en el que debe expresar el año, el mes y el día en que lo otorga. Para que adquiera validez debe estar firmado por su autor. Sólo pueden redactar este tipo de testamento las personas que sean mayores de edad (18 años), en contrapartida de la edad exigida para testar, que se fija en 14 años. La persona en cuyo poder esté depositado el testamento ológrafo, debe presentarlo al juzgado y, si no lo hace dentro de los diez siguientes al fallecimiento del testador, responderá de los perjuicios que, en su caso, origine la dilación.

b) *Testamento abierto:* es el testamento más habitual hoy en día y el que otorga la mayoría de personas que hacen testamento por ser el más ventajoso y cómodo para el testador. El testamento abierto lo otorga el testador en presencia de un notario para autorizar la firma del causante (testamento notarial abierto).

c) *Testamento cerrado:* es un testamento notarial que se caracteriza por la voluntad del causante de que su contenido sea secreto hasta el momento de su muerte. El testamento es redactado por el testador, pero presentado cerrado ante el notario, quien no conoce su contenido y se limita a acreditar que ha sido presentado.

Por otra parte, el testamento especial requiere menos solemnidades según los casos y sólo lo utilizarán ciertas personas en determinadas circunstancias. Se distinguen tres tipos:

a) *Testamento militar:* es el testamento otorgado por militares o personas a ellos asimilados en tiempo de guerra y en campaña ante un oficial que tenga por lo menos la categoría de capitán. Quedan comprendidos aquellos voluntarios, rehenes, prisioneros y demás personas empleadas en el ejército aunque no sean soldados.

b) *Testamento marítimo:* es el testamento otorgado en un viaje marítimo por quienes vayan a bordo. El testamento abierto o cerrado, si el buque es de guerra, se otorgará ante el contador o el que ejerza sus funciones, en presencia de dos testigos, que vean y entiendan al testador. El comandante del buque o el que realice sus funciones dará su visto bueno.

c) *Testamento otorgado en el extranjero:* hace referencia a las últimas voluntades otorgadas fuera del territorio nacional o en un buque extranjero. Los españoles podrán testar fuera del territorio nacional, sujetándose a las formas establecidas por las leyes del país en que se hallen. También podrán testar en alta mar durante su navegación en un buque extranjero, con sujeción a las leyes de la nación a la que el buque pertenezca. Sin embargo, en ningún caso será el testamento conjunto, realizado con otras personas, a pesar de que lo autoricen las leyes de la nación donde se hubieren otorgado.

Clases de testamento		

Común	→	Ológrafo Abierto Cerrado	→	• Del ciego • Del sordo • En peligro de muerte • En tiempo de epidemia

Especial	→	Militar
		Marítimo
		Otorgado en país extranjero

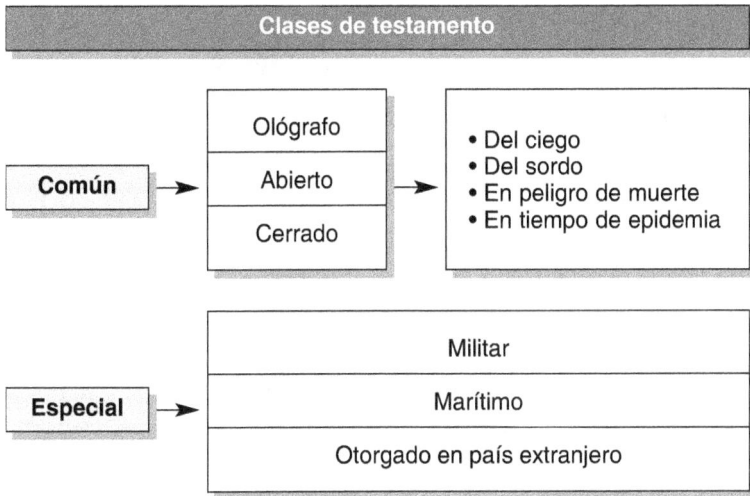

La ineficacia de los testamentos

Cuando un contrato o un negocio jurídico no produce los efectos que le son propios, se denominan *ineficaces*. La ineficacia es la carencia de efectos jurídicos, que puede venir determinada por razón de invalidez (inexistencia, nulidad, anulabilidad) o, siendo el negocio válido, ser ineficaz por otros motivos (resolución, revocación, etcétera).

Causas de nulidad del testamento

El Derecho de Cataluña y Baleares mantiene como causa de nulidad la falta de institución de heredero. Sin embargo, el Código civil considera válido el testamento, aunque no contenga institución de heredero.

Con independencia de esta causa de nulidad no recogida por el Código civil, se pueden enumerar las siguientes causas:

— falta de capacidad del otorgante;
— inobservancia de las formalidades legales;
— otorgamiento no permitido por la ley;
— vicios en la voluntad.

La revocación del testamento

El carácter revocable del testamento responde a dos características inherentes al mismo: el carácter unilateral del mismo en relación con el hecho de no producir sus efectos hasta la muerte del testador y la nota de que el testamento recoge la última voluntad del testador.

La revocación es pues un acto unilateral del causante por el que deja sin efecto un testamento anterior.

La revocación será expresa o tácita. La expresa tiene lugar cuando el testador declara que es su voluntad dejar sin efecto un testamento anterior, y lo debe declarar mediante otro testamento. No es preciso que el nuevo testamento sea de la misma clase que el anterior; basta que sea válido. Puede ocurrir que el testador revoque el testamento anterior sin ordenar una nueva disposición testamentaria en cuyo supuesto se dará la sucesión intestada.

En la revocación tácita se produce en el caso de que el testador no declare expresamente su voluntad de revocar el testamento anterior, pero se deduce del otorgamiento de uno posterior. El testamento posterior deroga tácitamente el testamento anterior. La revocación producirá su efecto, aunque el segundo testamento caduque por incapacidad del heredero o por renuncia o muerte de este.

Sólo el testamento anterior podrá conservar su eficacia cuando el testador, al otorgar el posterior testamento, expresa en este su voluntad de que aquel subsista en todo o en parte.

El heredero

Como ya hemos visto con anterioridad, el heredero es el que sucede al testador a título universal, es decir, en la totalidad de sus bienes y derechos; sustituye al causante en general asumiendo en bloque el conjunto de las relaciones jurídicas transmisibles de que era titular, como un todo, en forma unitaria. Puede existir un solo heredero o varios, en cuyo caso cada uno percibe una parte alícuota de la herencia, de la que son coherederos.

Requisitos para ser heredero

El heredero no es un simple adquirente de cosas y derechos sino que es la persona que viene a hacerse cargo de todas las relaciones del causante, activas y pasivas. Es, pues, un administrador y un liquidador, en cuanto a la sucesión del activo y del pasivo, lo cual evita que queden bienes sin dueño.

La acción de petición de herencia

La acción de petición de herencia es la que compete al heredero para reclamar de otra u otras personas el reconocimiento de su cualidad de heredero y la restitución de los bienes hereditarios.

Se trata de una acción que carece de regulación específica en el Código civil, pese a que se reconoce su existencia.

La acción de prescripción de herencia es una acción propia del heredero, que reclama la restitución de bienes hereditarios como sucesor del causante. Por lo tanto, habrá de probarse por el actor que pertenecían al patrimonio del causante. Su objeto lo constituyen tanto bienes concretos como la totalidad de la herencia.

El Código civil declara que la acción para reclamar la herencia prescribe, si bien no señala ningún plazo. La jurisprudencia es partidaria de que la acción de petición de herencia prescriba a los 15 años.

Como consecuencia de la aceptación pura y simple de la herencia, el heredero asume una responsabilidad por las deudas del patrimonio del causante y por las cargas que gravan aquella. Entre las cargas figuran, ente otras, las siguientes:

— el pago de los gastos del funeral del testador;
— los gastos de administración de la herencia aceptada a beneficio de inventario y por la confección de este, así como los originados por la remuneración del albacea y del contador-partidor.

Debe quedar bien claro que el heredero que acepta la herencia es responsable de todas las cargas de la herencia, no sólo con los bienes de esta, sino también con los suyos propios. Existe, pues, una responsabilidad ilimitada. En cambio, será limitada si responde sólo con el patrimonio hereditario, lo que sucede en la aceptación de la herencia a beneficio de inventario. La responsabilidad ilimitada genera una confusión de patrimonios de la misma forma que en la responsabilidad limitada existe una separación.

El legado de parte alícuota

Según nuestro derecho, el llamado como heredero, pero que no recibe la universalidad de la herencia, sino tan sólo un bien o cosa, no es un sucesor universal, sino particular. En consecuencia, debe considerársele legatario, no heredero.

El legado de parte alícuota es una figura que proviene del Derecho romano, en la que el testador dispone que al favorecido lo quiere como sucesor universal en concepto de legatario. Esto ocurre cuando el sucesor lega a un heredero una parte alícuota de la herencia. Por consiguiente, el legatario de parte alícuota puede considerarse un heredero porque en realidad sucede una cuota o parte de la herencia a título universal.

La diferencia entre heredero y legatario se fundamenta en que el primero es el sucesor universal y el segundo un sucesor particular; es decir, mientras que el heredero sucede al causante en la universalidad del patrimonio y adquiere la herencia en su totalidad, el legatario es un adquirente de bienes concretos. Una consecuencia importante es que el heredero sucede no sólo en los derechos del causante, sino también en las obligaciones de las que responde incluso con sus bienes propios, al contrario del legatario, quien sólo adquiere bienes o derechos concretos.

CONDICIÓN, TÉRMINO Y MODO

Condición

El Código civil permite que las disposiciones hereditarias, tanto a título universal como particular, podrán hacerse bajo una condición, sin distinguir ni especificar sobre esta. La condición y el término son eventos referidos al futuro, del que depende la eficacia de la institución de heredero. Hablamos de condición suspensiva cuando la condición se cumple y despliega su eficacia. La condición resolutoria, en el caso de cumplirse, se resuelve y la institución de heredero deviene ineficaz.

Plazo o término

El Código civil admite que el testador determine la designación de un día o de un periodo de tiempo a partir del que deba comenzar el efecto de la institución de heredero o del legado.

El modo o carga

Debemos distinguir claramente el modo de la condición. En el modo, a diferencia de la condición, el instituido heredero adquiere la herencia, aunque con el deber de cumplir la carga o modo. Ello supone una obligación para el heredero, pero no condiciona ni aplaza la institución, ya que es una cuestión de interpretación del testamento.

Las sustituciones

La sustitución en el derecho de herencia es el llamamiento que hace el testador en favor de otra persona distinta del heredero, bien por si este no llegara a serlo (sustitución vulgar), bien para serlo después de que el heredero lo haya sido (sustitución fideicomisaria).

El Código civil permite que el testador disponga como sustituto del heredero a un sustituto o una pluralidad de sustitutos, o bien a uno o varios sustitutos para cada uno de los herederos nombrados. Las reglas de las sustituciones son aplicables por igual a la institución de heredero que al legado.

La sustitución vulgar

Se da cuando el testador establece una persona sustituta para el supuesto de que la persona designada como heredero no pudiera serlo. En este sentido, dice el artículo 774 del Código civil que puede el testador designar a una o más personas como sustitutos del heredero o herederos instituidos para el caso de que estos mueran antes que el causante, o no quieran, o no puedan aceptar la herencia.

La sustitución fideicomisaria

La sustitución fideicomisaria es cuando el sucesor nombra un heredero y a su vez también designa el heredero de este.
En la sustitución fideicomisaria nos encontramos ante un nombramiento de herederos sucesivos, puesto que el causante dispone que el primer heredero conserve y transmita a un tercero, también nombrado heredero, la totalidad o bien una parte de la herencia.

La sustitución pupilar

La sustitución pupilar es aquella en que los padres y demás ascendientes podrán nombrar un sustituto para sus descendientes menores de catorce años en el caso de que mueran antes de dicha edad. De esta forma, el causante regula la sucesión del menor y se asegura de que, para el caso de que el nombrado heredero no llegase a serlo, por fallecer antes de los 14 años, su herencia no vaya a otros parientes no deseados por el causante.

LA SUSTITUCIÓN EJEMPLAR

La sustitución ejemplar es la facultad del ascendiente de nombrar un sustituto al descendiente que sufra perturbación mental y sea incapaz para testar. El Código civil especifica literalmente en su artículo 776: «El ascendiente podrá nombrar sustituto al descendiente mayor de 14 años que, conforme a derecho, haya sido declarado incapaz por enajenación mental».

Tanto en la sustitución pupilar como ejemplar, el sucesor hace dueño al sustituido de una masa de bienes y la destina eventualmente a un tercero en forma preventiva para el supuesto de que el pupilo no llegue a la edad de otorgar, o en su caso el incapacitado no otorgue testamento, y evitar de esta forma las consecuencias del abintestato del sustituido.

Las sustituciones hereditarias

Sustitución vulgar	El testador dispone de uno o varios sustitutos del heredero, o de uno o varios sustitutos para cada uno de los herederos nombrados.
Sustitución pupilar	Los padres y demás ascendientes pueden nombrar un sustituto para sus descendientes menores de catorce años para el caso de que fallezcan antes de esa edad.
Sustitución ejemplar	El ascendiente puede nombrar un sustituto para el descendiente que sufra perturbación mental y esté incapacitado para testar.
Sustitución fideicomisaria	El sucesor nombra un heredero y a su vez también el heredero de este.

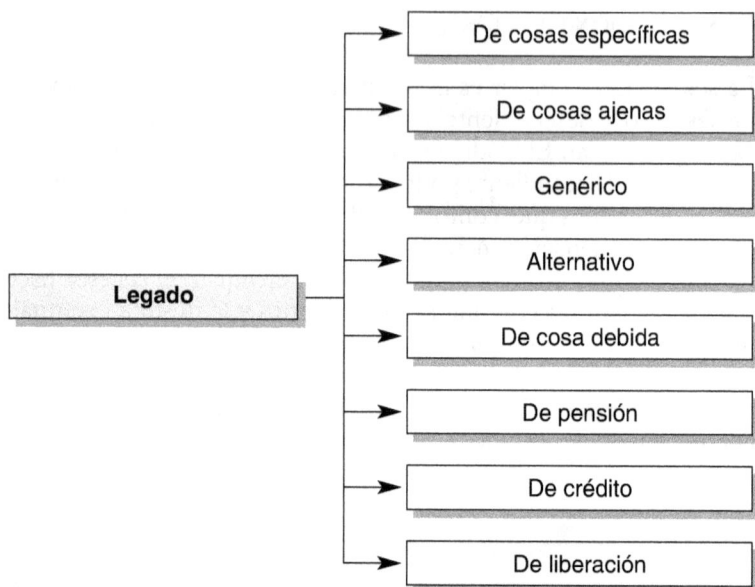

```
                              ┌──────────────────────────┐
                        ┌────▶│   De cosas específicas   │
                        │     └──────────────────────────┘
                        │     ┌──────────────────────────┐
                        ├────▶│      De cosas ajenas      │
                        │     └──────────────────────────┘
                        │     ┌──────────────────────────┐
                        ├────▶│         Genérico          │
                        │     └──────────────────────────┘
                        │     ┌──────────────────────────┐
  ┌──────────────┐      ├────▶│        Alternativo        │
  │    Legado    │──────┤     └──────────────────────────┘
  └──────────────┘      │     ┌──────────────────────────┐
                        ├────▶│      De cosa debida       │
                        │     └──────────────────────────┘
                        │     ┌──────────────────────────┐
                        ├────▶│        De pensión         │
                        │     └──────────────────────────┘
                        │     ┌──────────────────────────┐
                        ├────▶│        De crédito         │
                        │     └──────────────────────────┘
                        │     ┌──────────────────────────┐
                        └────▶│       De liberación       │
                              └──────────────────────────┘
```

El legado

Anteriormente hemos visto cómo el legatario sucede al causante en un bien o un derecho concreto y adquiere un legado.

El legado sólo se puede establecer en testamento y no son legados aquellos que vienen impuestos por la ley.

OBJETO Y CLASES DE LEGADO

Pueden ser objeto de legado todas las cosas sujetas a comercio. En este sentido, pero con argumento contrario, define el Código civil todo aquello que es susceptible de ser legado.

El artículo 865 establece que es nulo «el legado de cosas que están fuera del comercio». En consecuencia, todo lo que está dentro del comercio puede ser objeto de legado.

La legítima

Nuestro Código civil define la legítima como una parte de bienes de la herencia que el testador no puede disponer libremente, por haberla reservado la ley a determinados herederos, llamados *herederos forzosos* o *herederos abintestatos*.

El Código civil regula el derecho de la sucesión testada siguiendo el sistema romano, esto es, otorgando libertad al testador para disponer libremente de su patrimonio a partir de su muerte, con excepción de la legítima a favor de los parientes más próximos y del cónyuge del causante.

LOS LEGITIMARIOS

Según el Código civil, las personas que tienen la condición de legitimarios o herederos forzosos son las siguientes:

— los hijos y descendientes respecto a sus padres y ascendientes, sean matrimoniales o extramatrimoniales (en primer lugar los hijos, después los nietos, a continuación los bisnietos, etc.);
— a falta de los anteriores, los padres y ascendientes respecto a sus hijos y descendientes;
— en todo caso, y concurriendo con los anteriores, el cónyuge viudo será usufructuario de los bienes que le correspondan; su legítima, siempre en usufructo y no en propiedad como el resto de legitimarios, es variable según los legitimarios con quienes concurra.

LA OBLIGACIÓN DE LA LEGÍTIMA

La legítima se regula por ley y por tanto viene impuesta con independencia de lo que disponga el testador. La legítima es un derecho necesario —esto es, que se configura por normas imperativas— que está sustraído a la libre voluntad y disponibilidad de todos los sujetos que intervienen. Como hemos visto, la legítima se impone coactivamente al causante por quedar fuera de la decisión de este.

El Código civil dispone que el testador no podrá privar a los legitimarios de su legítima ni tampoco podrá imponer sobre ella gravamen ni condición ni sustitución de ninguna especie, salvo lo dispuesto en cuanto al usufructo del cónyuge viudo.

La ley también prevé que toda renuncia o transacción sobre la legítima futura entre el causante y los legitimarios será nula, por lo que estos podrán reclamarla cuando muera el testador.

Herederos forzosos (legitimarios)		
A los hijos y descendientes	**A los padres y ascendientes**	**Al cónyuge viudo:**
Dos tercios de la herencia, de los cuales uno (la legítima estricta) se repartirá a partes iguales entre ellos, mientras que el otro (el de mejora) se distribuirá como disponga el testador.	A falta de hijos, corresponderá la mitad de la herencia, salvo que el testador dejase un cónyuge viudo, en cuyo caso sólo les corresponderá un tercio de la herencia.	Dos tercios de la herencia en usufructo si no hay ascendientes ni descendientes. En caso de que los hubiese, les correspondería un tercio de la herencia en usufructo.

La ley consagra el principio de la inviolabilidad de la legítima, que supone la imposibilidad del testador de interferir sobre la misma; la imposibilidad de los legitimarios de renunciar a la misma antes de la muerte del causante y la imposibilidad de imponer condiciones y gravámenes sobre la misma.

CUANTÍA DE LA LEGÍTIMA

La cuantía de la legítima no es igual para todos los legitimarios, sino que varía según quienes sean estos. De hecho, hasta la del cónyuge viudo será distinta según quiénes sean los demás legitimarios con quien concurra el cónyuge.

Legítima de los hijos y descendientes

Constituye la legítima de los hijos y descendientes las dos terceras partes del haber hereditario del padre y de la madre. Sin embargo, los hijos y descendientes podrán disponer de una parte de las dos, que forman la legítima, para aplicarla como mejora a sus hijos o descendientes. La legítima de los hijos y descendientes es de dos tercios, de los cuales uno puede dedicarse por el causante a mejorarlos.

Legítima de los padres o ascendientes

A falta de los anteriores, los padres y ascendientes serán legitimarios respecto de sus hijos y descendientes. La cuantía de la legítima viene especificada en el Código civil, cuando se dice que corresponde a los padres y ascendientes la mitad del haber hereditario del hijo y descendiente. Sin embargo, ello no es así cuando el causante dejase cónyuge viudo, pues la legítima que correspondería a los padres sería sólo de una tercera parte.

Legítima del cónyuge viudo

El cónyuge supérstite es tenido como legitimario en el Derecho español, si bien su legítima es en usufructo (para uso y disfrute), no en propiedad, y en cuantía variable según los legitimarios con quienes concurra.

Es presupuesto necesario de la legítima del cónyuge supérstite la existencia de un matrimonio vigente con el causante o bien que los cónyuges no estuviesen separados, y en caso de separación, fuese por culpa del premuerto.

Cuando el cónyuge viudo concurre con hijos o descendientes de su cónyuge causante (sean comunes o no, matrimoniales o extramatrimoniales) tendrá derecho a la legítima de un tercio en usufructo de la herencia —es decir, el usufructo recae sobre el tercio destinado a mejora.

Si el cónyuge viudo concurre con ascendientes de su cónyuge-causante, la legítima será el usufructo de la mitad de la herencia.

En tercer lugar, si el cónyuge viudo concurre sólo con hijos adulterinos legitimarios (hijos sólo del difunto), se extenderá la cuantía del usufructo a la mitad de la herencia, que será sobre el tercio de mejora, gravando el resto el tercio de libre disposición.

Por último, si el cónyuge viudo no concurre con ningún otro legitimario, es decir, que el cónyuge supérstite es el único legitimario, la legítima que le corresponde es el usufructo de dos tercios de la herencia.

El cónyuge supérstite es legitimario y, como tal, no tiene más derecho que a la adquisición de un usufructo legal, es un sucesor singular, pero no es un heredero, y por lo tanto no responde de las deudas de la herencia y cabe conmutar su legítima por una cantidad de dinero, reduciendo así su carácter a una cantidad económica.

La mejora

Con relación a la legítima de los hijos y descendientes, podemos distinguir tres partes: dos de ellas de legítima larga, de las cuales una de ellas corresponde a la legítima estricta, mientras que la otra corresponde al tercio de mejora. La parte restante es de libre disposición del testador.

La mejora es una parte de la legítima larga. El tercio de legítima corta es el tercio que se dividirá en partes iguales entre los hijos o descendientes (dando como resultado una legítima larga). En cambio, cuando dicho tercio es atribuido de forma concreta y particular a uno de los hijos o descendientes se denomina *mejora*. Si los padres no utilizan el tercio de mejora a favor de alguno de los hijos, no puede hablarse de tercio de mejora, sino de los dos tercios de legítima.

El Código civil establece que el padre o la madre podrán disponer a favor de alguno o de algunos de sus hijos o descendientes, de una de las dos terceras partes destinadas a la legítima, con independencia de que estos sean hijos naturales o adoptivos.

LOS SUJETOS DE LA MEJORA

La mejora requiere una concurrencia plural de descendientes, sin que sea preciso que se encuentren en igualdad de grado. El testador puede mejorar a un nieto cuando la legítima pertenece a los hijos del testador. La mejora es un acto de voluntad del testador, un poder o facultad del mismo, que ejercita al conceder la parte de mejora (equivalente a un tercio de la herencia) a uno o varios de sus legitimarios hijos o descendientes o a todos por igual. El único sujeto capaz de mejorar es siempre el causante de la sucesión. La facultad de mejorar es de carácter personal, pues esta no puede encomendarse a otro, salvo que el testador haya previsto en su testamento que sea el viudo o viuda que no haya contraído nuevas nupcias quien distribuya a su prudente arbitrio los bienes del difunto y mejore en ellos a los hijos comunes, sin perjuicio de las legítimas y de las mejoras y demás disposiciones del causante.

Los beneficiados de la mejora pueden ser los hijos o descendientes, sean matrimoniales o adoptivos. Pero es importante subrayar que el tercio de mejora no tiene que distribuirse entre los que son legitimarios únicamente, pues es posible mejorar a descendientes que no sean legitimarios.

CLASES DE MEJORA

Se pueden distinguir diversas clases de mejora, atendiendo a la forma, a la atribución y a su objeto.

Por la forma de disponerse puede ser expresa o tácita.

La mejora es expresa cuando se declara y dispone expresamente como mejora. Se considera tácita cuando sin declararse como mejora, se ordena un legado en testamento a favor del legitimario, que no quepa en el tercio de libre disposición o se dispone una sustitución fideicomisaria que recae sobre el tercio de mejora a favor de los descendientes, lo cual constituye una mejora tácita a favor de los nietos o descendientes de último grado.

También cabe entender que existe mejora tácita cuando el testador la atribuya sin decirlo expresamente, al disponer la legítima estricta a los hijos y el resto de la herencia a uno de ellos.

En cambio, según la atribución, cabe distinguir los siguientes tipos:

— la mejora atribuida por testamento (el modo más claro de establecer una mejora es su ordenación en el testamento del causante);
— la mejora atribuida por donación (el testador declara expresamente su voluntad de mejorar);
— la mejora atribuida en capitulaciones;
— la mejora atribuida en pacto sucesorio.

La desheredación

El Código civil establece que la desheredación es la disposición testamentaria por la que el causante priva al legitimario de su carácter de tal y de su porción legitimaria, en virtud de las causas establecidas taxativamente por la ley.

Por lo tanto, la desheredación tiene lugar cuando el testador declara expresamente privar al legitimario de participar en su herencia, especificando que lo hace por haber incurrido este en alguna de las causas previstas por la ley (infracciones graves contra la esfera moral o física del testador o su familia).

Debemos distinguir entre las causas de indignidad y las causas de desheredación que pueden llevar a confusión, ya que no son las mismas. La indignidad puede recaer sobre cualquier heredero, mientras que la desheredación tan sólo afecta a los legitimarios. La indignidad opera en cualquier tipo de sucesión, siempre que no haya sido perdonada, por su sola presencia, y sin necesidad de que sea conocida del causante; mientras que la otra sólo opera si así lo dispone expresamente el causante en testamento.

Por tanto, para que sea válida la desheredación ha de quedar plasmada expresamente en el testamento, expresando la causa en que se funda la misma, que no puede ser distinta de las señaladas por la ley. Asimismo la desheredación ha de ser total, nunca parcial, ya que la desheredación supone la privación total de la legítima y no de una parte de ella.

La sucesión intestada o abintestato

Existen diversas clases de sucesión *mortis causa* por razón de su origen:

— la sucesión testada (por testamento);
— la sucesión intestada o forzosa;
— la sucesión contractual (no admitida en nuestro Derecho).

Tal y como dispone el artículo 658 del Código civil, la sucesión intestada tiene lugar cuando el difunto no ha dejado testamento, siendo llamados los herederos por disposición de la ley.

La sucesión intestada puede coexistir con la testada, cuando esta no comprende el total haber hereditario del causante, de tal forma que la herencia podrá deferirse en una parte, por voluntad del testador y, en otra, por disposición de la ley.

La sucesión intestada no sólo se da cuando no hay testamento, sino también cuando, aun existiendo testamento, este no llega a aplicarse por premoriencia o repudiación del heredero instituido en el testamento.

Es importante destacar la Ley de 4 de julio de 1970, que modificó la sucesión intestada de los hijos adoptivos. De este modo se les reconoció su derecho como herederos forzosos. Sin embargo, ha sido la Ley de 13 de mayo de 1981 la que más reformas ha introducido en la sucesión intestada desde que se promulgó el Código civil y que constituye la regulación hoy vigente.

Supuestos de sucesión intestada

La sucesión intestada es una sucesión universal, pues la ley nombra en ella herederos y no legatarios. Si bien es preciso tener en cuenta, tal y como hemos visto en el tema de la legítima, la posibilidad de la atribución de parte de la herencia a título particular y no universal. Un claro ejemplo es la cuota usufructuaria del cónyuge supérstite en concurrencia con determinados parientes cuando la sucesión es intestada.

La sucesión intestada tiene lugar cuando se da una serie de circunstancias. Los supuestos para su procedencia son los siguientes:

— *la ausencia de testamento:* cuando una persona muere sin testamento o con un testamento nulo o que haya perdido su validez;
— *la ausencia de heredero:* cuando falta la condición puesta a la institución de heredero, o este muere antes que el testador o repudia la herencia sin tener sustituto y sin que haya lugar al derecho de acrecer;
— *la ausencia de contenido del testamento:* cuando el testamento no contiene institución de heredero en todo o en parte de los bienes o no dispone de todos los bienes que corresponden al testador;
— *la ausencia del heredero:* cuando el heredero instituido es incapaz de suceder, incluida desde luego la indignidad.

El sistema sucesorio abintestato de nuestro Código civil

La sucesión intestada se funda siempre, salvo en la delación al Estado, en la relación familiar. El legislador ha considerado que los vínculos familiares son esenciales para determinar quiénes serán los sucesores abintestato (cuando no hay testamento). En consecuencia, el fundamento de la sucesión intestada se basa en la proximidad de parentesco entre el causante y el sucesor.

Nuestro sistema civil sucesorio combina, como a continuación examinaremos, la sucesión preferente de ascendientes y descendientes con la cuota usufructuaria que corresponde al cónyuge viudo.

Los posibles sucesores llamados por la ley vienen dados por el artículo 913 del Código civil, cuando dispone: «A la falta de herederos testamentarios la ley defiere la herencia a los parientes del difunto, al viudo o viuda, y al Estado». De este modo, el sistema del Código civil tiene su plasmación general en el orden de llamamientos, para el que distingue las clases, los órdenes y los grados.

LAS CLASES

Constituyen clase una persona o grupo de personas cuyo vínculo con el causante es de distinta naturaleza. Así cabe distinguir tres clases:

— los parientes, cuya relación se funda en la consanguinidad o la adopción;
— el cónyuge unido sólo por matrimonio;
— el estado, sucesor especial, a cuya autoridad está vinculado el causante, pero que sucede también para impedir la vacante de las relaciones jurídicas derivadas del fallecimiento del causante.

LOS ÓRDENES

La primera clase, referida a los parientes se divide, a su vez, en otros órdenes. Las otras dos clases no pueden ser divididas, pues se componen de una sola persona (el cónyuge o el Estado). Los órdenes en cuestión son los siguientes:

— la de los parientes en línea recta descendiente;
— la de los parientes en línea recta ascendente;
— la de los parientes colaterales.

Aquí rige la regla de exclusión sin excepción, de tal forma que los descendientes excluyen absolutamente de la sucesión a los ascendientes, y estos a los colaterales. Sin embargo, las dos primeras clases sí pueden mezclarse, en la medida que los parientes más próximos, descendientes, ascendientes o colaterales, concurren la herencia con el cónyuge viudo.

Orden de sucesión ante la falta de testamento

Parientes en línea recta

Como hemos visto, en primer lugar, heredan los descendientes con la concurrencia del cónyuge. En el caso de que no hubiere ningún descendiente, heredarían entonces los ascendientes, también con la concurrencia del cónyuge.

Descendientes

De conformidad con lo que establece el artículo 930 del Código civil, la sucesión corresponde en primer lugar a la línea recta descendiente.

Los hijos y sus descendientes suceden a los padres y demás ascendientes sin distinción de sexo, edad o filiación. Desaparece la distinción entre hijos matrimoniales y no matrimoniales en la sucesión de los padres, abuelos y bisabuelos.

Los hijos del difunto le heredarán siempre por su derecho propio, dividiendo la herencia en partes iguales. Los nietos y demás descendientes heredarán siempre por derecho de representación, y si alguno hubiese fallecido dejando varios descendientes, la porción que le corresponda se dividirá entre estos por partes iguales.

Ascendientes

La normativa actual establece que, a falta de hijos y descendientes del difunto, heredarán sus ascendientes:

— en el supuesto de concurrencia de padre y madre o de uno sólo de ellos, el padre y la madre heredarán por partes iguales;

— a falta de padre y madre sucederán los ascendientes más próximos en grado, y si hubiere varios ascendientes de igual grado pertenecientes a la misma línea, dividirán la herencia por cabezas; si los ascendientes fueran de líneas diferentes, pero de igual grado, una mitad corresponderá a los ascendientes paternos y la otra a los maternos, y en cada línea de división se hará por cabezas.

Si los ascendientes sólo constan con respecto a una línea, paterna o materna, que se da en el caso de reconocimiento sólo por el padre o la madre, la sucesión intestada de la línea recta ascendente corresponderá sólo a la línea que reconoció al hijo.

EL CÓNYUGE VIUDO

Cuando no existan descendientes ni ascendientes, heredarán el cónyuge viudo y los parientes colaterales.

Atendiendo a lo que dispone el artículo 944, en el caso de que no hubiere ascendientes y descendientes, sucederá en todos los bienes del difunto el cónyuge sobreviviente. A partir de la reforma de 1981, el cónyuge viudo, que tenía un lugar menos favorecido en el código de 1889, pasa por delante de los hermanos del causante.

Sólo será llamado el cónyuge viudo a suceder al causante cuando este no estuviera separado o divorciado por sentencia firme o separado de mutuo acuerdo de forma fehaciente.

El cónyuge, en la sucesión del causante, tiene siempre su derecho a la legítima (sucesión forzosa), sea aquella una sucesión testada o intestada. Es decir, que en la sucesión intestada, el cónyuge viudo percibirá su legítima, aunque no como sucesor abintestato. Si fuera llamado como tal, no cabrá plantear ninguna cuestión sobre su legítima, ya que adquiere en propiedad la totalidad de la herencia de su cónyuge causante.

Por lo tanto, si son declarados herederos abintestato los descendientes o ascendientes del causante, que son preferentes al cónyuge, este percibirá su legítima que, como hemos visto anteriormente, es variable y en usufructo.

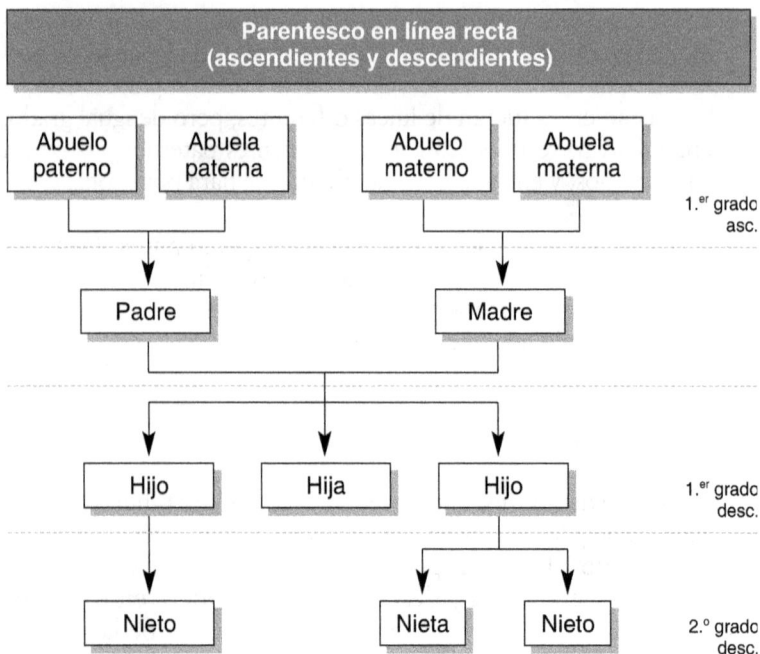

**Parentesco en línea recta
(ascendientes y descendientes)**

| Abuelo paterno | Abuela paterna | | Abuelo materno | Abuela materna |

1.er grado asc.

| Padre | | Madre |

| Hijo | Hija | Hijo |

1.er grado desc.

| Nieto | | Nieta | Nieto |

2.º grado desc.

LOS PARIENTES COLATERALES

Después de la línea recta descendente, de la ascendente y del cónyuge, deberá llamarse a la sucesión intestada la línea de parentesco colateral.

En ausencia de cónyuge, los hermanos e hijos de hermanos suceden con preferencia a los demás colaterales.

Se establecen diversas reglas para determinar la preferencia en la sucesión:

— en cuanto a la sucesión de hermanos, se distinguen los que lo son de padre y madre y los que son lo únicamente de padre o madre; aquellos heredarán en doble porción que estos;

— si únicamente existieran hermanos de doble vínculo, estos heredarán por partes iguales;
— si concurrieran hermanos con sobrinos (hijos de hermanos de doble vínculo), los primeros heredarán por cabezas y los segundos por estirpes;
— si sólo concurren sobrinos, sin la presencia del algún hermano del causante, heredan por partes iguales, por cabezas y no por estirpes.

Por todo ello, contra la regla general de proximidad de grado, los sobrinos son herederos abintestato antes que los tíos, aun cuando unos y otros son parientes colaterales del causante en tercer grado.

LA SUCESIÓN DEL ESTADO

La sucesión intestada del Estado la regulan los artículos 956, 957 y 958 del Código civil.
En el último lugar, cuando no existan descendientes, ascendientes, cónyuge y parientes colaterales, nuestro ordenamiento coloca al

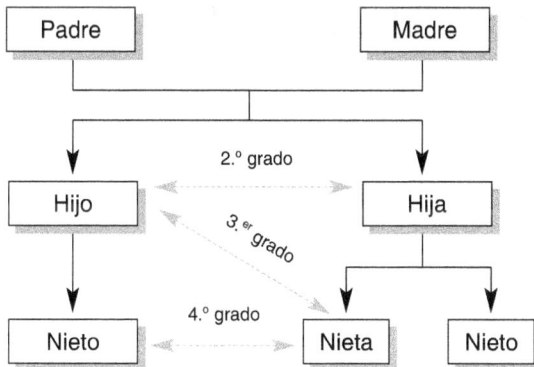

Parentesco por línea colateral

138 • El Código civil explicado para todos

Estado, lo que ratifica el primer párrafo del artículo 956 del Código civil: «A falta de personas que tengan derecho a heredar conforme lo dispuesto en las precedentes secciones, heredará el Estado».

La explicación de que sea finalmente el Estado el sucesor de los bienes del causante se fundamenta en que, una vez agotados los derechos de los colaterales por perderse el sentimiento familiar, el Estado tiene derecho en concepto de bienes vacantes, para evitar que acabasen por convertirse en bienes abandonados, a disposición del primer ocupante.

Los bienes que pueden heredarse se dividen en tres partes:

— una destinada a las instituciones municipales del domicilio del difunto;
— otra para las instituciones a las que el causante haya pertenecido por su profesión y actividades;
— otra para el tesoro público, con la que se contribuirá a disminuir la deuda pública, salvo que por la naturaleza de los bienes el consejo de ministros acordase otro destino.

Si el Estado es un heredero abintestato, ¿puede repudiar la herencia?

No, pues el Estado no es un heredero más, sino que tiene una función, basada en un interés público de carácter objetivo e irrenunciable. El artículo 95 del Código civil, dispone que la herencia se entenderá siempre aceptada a beneficio de inventario. Por lo tanto, el Estado no acepta, expresa ni tácitamente, ni puede repudiar, sino que es heredero abintestato (a beneficio de inventario, sin necesidad de declaración alguna sobre ello) por imperativo legal.

El Estado, como todo heredero, deberá ser declarado heredero abintestato por el trámite jurisdiccional de declaración de herederos, previsto en los artículos 97 y siguientes de la Ley de Enjuiciamiento Civil (LEC), y sólo entonces podrá tomar posesión de los bienes.

APÉNDICE

Modelos de documentos

En este capítulo final vamos a presentar algunos modelos de documentos jurídicos con el fin de aclarar los conceptos que hemos ido presentando. Se trata de modelos básicos que permitirán que el lector se haga una idea de cómo deben llevarse a cabo diversas acciones contempladas por el Código civil.

El escrito en cuestión deberá ser siempre redactado por el abogado que represente al interesado y en él deberán constar los motivos de la acción que se dispone a emprender. Por lo general, se estructuran en cuatro partes o bloques bien diferenciados:

— la primera parte es el encabezamiento, en donde se indican los datos personales de los interesados y se especifica la petición concreta que se formula; en algunos casos es necesario hacer constar el nombre del procurador;
— la segunda está dedicada a los hechos y alegaciones, y en ella se expondrán detallada y ordenadamente las pretensiones que se formulan y se justificará la conveniencia de que las mismas sean atendidas por el juez;
— la tercera, centrada en los fundamentos de derecho, especifica aquellos artículos de las leyes a partir de los cuales se basan las pretensiones del interesado; no siempre debe figurar en los escritos;
— la cuarta es un breve resumen en el que se hará constar de la manera más abreviada posible las peticiones de la parte y se solicitará que se dicte resolución judicial de conformidad a ellas.

Los modelos de documentos que el lector puede encontrar en estas páginas son los siguientes:

— aceptación de herencia;
— contrato de arrendamiento de local de negocio;
— escritura de capitulaciones matrimoniales;
— contrato de compraventa de piso;
— contrato de obra o construcción;
— contrato de préstamo;
— contrato de arras;
— convenio regulador;
— contrato de subarrendamiento;
— declaración de herederos abintestato;
— escritura de hipoteca;
— testamento.

ACEPTACIÓN DE HERENCIA

Número ...

En ..., a ... de ... de ...

Ante mí, ..., notario, con residencia en esta ciudad,

COMPARECE

Don ..., de ... de edad, de estado civil..., vecino de ..., con domicilio en ..., titular del documento nacional de identidad número ...

Le identifico por el documento de identidad exhibido, cuyos datos son conformes.

Interviene en su propio nombre y derecho y lo juzgo con la capacidad legal suficiente para formalizar la presente escritura y

EXPONE

PRIMERO. Que Don ..., de vecindad civil foral catalana, falleció en Barcelona, de donde era vecino, el día ..., en estado civil de soltero y careciendo de descendientes.

SEGUNDO. Que dicho causante otorgó su último y válido testamento en Ciudadela (Menorca), el día ..., ante el notario de aquella ciudad, Don ...

TERCERO. Que en dicho testamento se dispuso lo siguiente, sin que en lo omitido haya nada que condicione, modifique o desvirtúe lo aquí reproducido:

«PRIMERA. Instituye heredero universal a Don ..., y para el supuesto de premorencia, comorencia o cualquier otra causa que le impidiera heredar, nombra herederas a Doña ... y Doña ..., en la proporción de la mitad cada una de ellas».

CUARTO. Que en virtud de lo expuesto,

D I S P O N E

PRIMERO. Don ... acepta pura y simplemente y, por ello, SE ADJUDICA en plena propiedad la herencia causada por Don ... y que se halla constituida por la cantidad en metálico de 45.000.000 ptas. (270.000 euros).

SEGUNDO. El aquí compareciente se compromete a adicionar cualesquiera bienes que, en el futuro pudieran aparecer como parte del caudal relicto de Don ...

ASÍ LO OTORGA el compareciente, a quien hago las advertencias legales, en especial las de la vigente legislación fiscal.

Y leída al mismo la presente escritura, a su elección, después de advertirle del derecho que tienen a hacerlo por sí, que no usa, se ratifica y firma en este instrumento público, extendido en ... folios de papel de timbre del Estado, exclusivos para documentos notariales, serie ..., números ... y el del presente. Sigue la firma del compareciente.

Signado: ..., notario.

Rubricado y sellado ...

CONTRATO DE ARRENDAMIENTO DE LOCAL DE NEGOCIO

En la ciudad de Valencia, a ...

REUNIDOS

De una parte, la sociedad AAA, con CIF ..., domiciliada en ..., en ..., representada por su administrador Don ..., mayor de edad, titular del documento nacional de identidad ... (en lo sucesivo, *el arrendador*).

De otra parte, Don ..., provisto de NIF ..., domiciliado en la calle ... (en lo sucesivo, *el arrendatario*).

Ambas partes se reconocen mutua capacidad de obrar y obligarse, y a tal efecto

EXPONEN

PRIMERO. Que la mercantil AAA es la propietaria del local sito en la calle de ..., número ..., en ..., cuya descripción registral es la siguiente: planta baja del número ..., de superficie ..., inscrito en el Registro de ..., Libro ..., Tomo ..., finca ...

SEGUNDO. Que Don ..., está interesado en arrendar la mitad de dicho local, que corresponde al ... de la calle ..., y cuya superficie, resultado de la división practicada, es de un total de ...

En virtud de lo expuesto, el contrato se regirá por las siguientes

CONDICIONES

PRIMERA. RÉGIMEN APLICABLE. Conforme a lo dispuesto en el artículo 4, apartado tercero de la LAU, el presente contrato se regirá por lo previsto en el mismo y, en su defecto, por lo dispuesto en el Título III y, supletoriamente por las normas contenidas en el Código Civil.

SEGUNDA. DURACIÓN. El plazo de duración del presente contrato es de seis años, y comenzará a regir a partir del 1 de febrero de 1998, por lo que quedará extinguido por cumplimiento del término pactado el 1 de febrero del año 2003.

TERCERA. RENTA. El precio total del arrendamiento es de 250.000 ptas. (1.440 euros) mensuales, más el Impuesto del Valor Añadido (IVA). El arrendatario deberá abonar las rentas por mensualidades adelantadas en los cinco primeros días de cada mes.

CUARTA. ACTUALIZACIÓN DE LA RENTA. Dicha renta se acomodará cada año a la variación porcentual experimentada por el Índice de Precios de Consumo que fije el Instituto Nacional de Estadística, aplicando sobre aquella renta el porcentaje que represente la diferencia existente entre los índices que correspondan al periodo de revisión. Para la aplicación de la primera actualización se tomará como mes de referencia el mes anterior al mes que corresponde la actualización.

QUINTA. GASTOS E IMPUESTOS. El arrendatario se obliga a abonar, independientemente de la renta pactada, la parte proporcional de los gastos generales, impuestos, arbitrios, gastos de comunidad y contribuciones (IBI) que no estuvieren individualizados y que se dividirán en proporción a la superficie del local.

Dichos gastos se actualizarán anualmente repercutiendo al arrendatario las variaciones que se produzcan y se señalarán en concepto aparte de la renta, pero integrados en el recibo de alquiler.

SEXTA. DESTINO DEL LOCAL. El local objeto de este contrato será destinado a la promoción y venta de artículos de ropa y prendas de vestir. En caso de que el arrendatario quisiera cambiar el objeto del negocio, deberá obtener la autorización del arrendador.

SÉPTIMA. SUMINISTROS. La adquisición, conservación, reparación o sustitución de los contadores de suministros y el importe del consumo de agua, electricidad y teléfono que se generen durante la vigencia del arrendamiento son de cuenta y cargo exclusivo del arrendatario.

OCTAVA. OBRAS. El arrendatario se obliga a mantener, conservar, y en su caso reparar cualquier desperfecto que ocasione en las paredes, tabiques e instalación eléctrica de que está dotado el local. Asimismo, no podrá modificar la estructura del local ni hacer ninguna modificación sustancial durante la vigencia del contrato, ni podrá realizar obra alguna, sin el consentimiento del arrendador y deberá poner en conocimiento del mismo la necesidad de las reparaciones que deban efectuarse para conservar el local en las condiciones de trabajo para servir al uso convenido, respondiendo de los perjuicios que se deriven de su incumplimiento.

NOVENA. SUBARRENDAMIENTO. El arrendatario, con expresa renuncia de lo dispuesto en el artículo 32 de la LAU, se obliga a no subarrendar, en todo o en parte, ni ceder o traspasar el local arrendado sin el consentimiento expreso y por escrito del arrendador. En caso de que el arrendatario incumpliera esta condición, el arrendador podrá resolver el contrato.

DÉCIMA. RENUNCIA. Con expresa renuncia por las partes a lo dispuesto en el artículo 31 de la LAU, se conviene que en caso de venta del local arrendado como finca independiente no tendrá el arrendatario derecho de adquisición preferente sobre el mismo.

UNDÉCIMA. FIANZA. De conformidad con el artículo 36 de la LAU, y en garantía del cumplimiento de las obligaciones contraídas en este contrato, así como de la conservación del local, el arrendatario deposita, con la firma del presente contrato, la cantidad de dos mensualidades (500.000 ptas.; 3.000 euros) en concepto de fianza, que quedan en poder del arrendador durante la vigencia del contrato y hasta que no justifique estar al corriente en el pago y haber satisfecho los gastos que corren a su cargo, en especial los de consumo de agua y electricidad.

DUODÉCIMA. Asimismo, la cantidad entregada en concepto de fianza servirá, en el caso de incumplimiento de contrato por el arrendatario, para resarcir al arrendador del coste y perjuicios ocasionados por las obras efectuadas para proceder a la división del local.

DECIMOTERCERA. SUBROGACIÓN. En caso de fallecimiento del arrendatario, el heredero o legatario que continúe el ejercicio de la actividad podrá subrogarse en los derechos y obligaciones del arrendatario hasta la extinción del contrato. Expresamente se conviene, como ampliación a lo previsto en el artículo 33 de la LAU, que esta subrogación deberá ser notificada de modo fehaciente al arrendador, para su eficacia, dentro de los dos meses siguientes a la fecha del fallecimiento del arrendatario; y dará derecho al arrendador a aumentar la renta en el quince por ciento (15 %).

DECIMOCUARTA. RESOLUCIÓN. El presente contrato quedará automáticamente resuelto, sin posibilidad de prórroga y sin necesidad de aviso previo, en la fecha indicada, al finalizar el plazo contractual, debiendo entregar las llaves del local sin demora. De la misma manera, quedará resuelto de pleno derecho el contrato, en caso de impago de una mensualidad, y si en el local se desarrollan actividades molestas, insalubres, nocivas o ilícitas.

DECIMOQUINTA. EXTINCIÓN. Con expresa renuncia por los contratantes a lo establecido por el artículo 34 de la LAU, se acuerda que la extinción del contrato por el transcurso del término convenido no dará derecho al arrendatario a indemnización alguna.

Y para constancia de cuanto antecede, conformes las partes, firman el presente contrato por duplicado y en la fecha y lugar al principio indicada.

EL ARRENDATARIO   EL ARRENDADOR

ESCRITURA DE CAPITULACIONES MATRIMONIALES

En …, mi residencia, a … de … de …

Ante mí, …, notario del Ilustre Colegio de …,

COMPARECEN

Don …, de … de edad, soltero, vecino de …, con domicilio en …, titular del documento nacional de identidad número …
   Y Doña …, de … de edad, soltera, vecina de …, con domicilio en …, titular del documento nacional de identidad número …

INTERVIENEN

Ambos intervienen en sus propios nombre y derecho. Tienen la capacidad legal necesaria para otorgar la presente escritura y

EXPONEN

PRIMERO. Que Don … tiene la vecindad civil catalana y su residencia habitual en …

SEGUNDO. Que Doña tiene la vecindad civil … y su residencia habitual en …

TERCERO. Que tienen proyectado contraer matrimonio próximamente y, en cualquier caso, antes de un año a partir del día de hoy.

CUARTO. Que, en uso del derecho que les conceden los artículos 1.315, 1.325 y concordantes del Código Civil, quieren otorgar de común acuerdo capitulaciones matrimoniales en las que pactarán determinadas disposiciones relativas a su futuro matrimonio y, llevándolas a efecto

OTORGAN

PRIMERO. Los comparecientes pactan y convienen que el matrimonio que tienen proyectado contraer entre ambos, una vez celebrado, se regirá por el sistema económico de separación de bienes previsto y regulado en los artículos 1.435 y siguientes del Código civil.

SEGUNDO. El domicilio conyugal de los comparecientes se establecerá en … y el título por el que será ocupado lo constituye el contrato de arrendamiento celebrado a favor de Don … por parte de la sociedad propietaria de dicha vivienda.

TERCERO. Respecto de la totalidad de sus bienes, los comparecientes otorgan heredamiento a favor de sus futuros hijos comunes, quedando estos instituidos por partes iguales.

CUARTO. Los comparecientes prestan su consentimiento y solicitan que, en su momento, se inscriban las presentes capitulaciones matrimoniales juntamente con la correspondiente Acta de celebración del matrimonio.

Advierto expresamente a los señores comparecientes que deberán acreditarme, a mí el notario, la celebración del matrimonio por medio de exhibición de certificado de matrimonio o del Libro de Familia, a fin de consignar, con arreglo a lo dispuesto en el artículo 266.7 del Reglamento del Registro Civil, el tomo y folio en que constará inscrito el matrimonio una vez celebrado.

ASÍ LO OTORGAN

Firmado: Don …   Firmado: Doña …

CONTRATO DE COMPRAVENTA DE PISO

En ..., a ... de ... de ...

REUNIDOS

De una parte, Don ..., vecino de ..., con domicilio en ..., titular del documento nacional de identidad número ...

Y de otra parte, Doña ..., vecina de ..., con domicilio en ..., titular del documento nacional de identidad número ...

Y Doña ..., vecina de ..., con domicilio en ..., titular del documento nacional de identidad número ...

EXPONEN

PRIMERO. Que Don ... (en adelante, *el vendedor*) es legítimo dueño de la finca (en adelante, *la finca*) que tiene la siguiente descripción registral: ...

SEGUNDO. Que Doña ... y Doña ... (en adelante, *las compradoras*) están interesadas en adquirir dicha finca y Don ... en venderla, a cuyo fin suscriben el presente CONTRATO DE COMPRAVENTA que se regirá por las siguientes

ESTIPULACIONES

PRIMERA. Don ... extrae de su poder y dominio y transfiere y vende a Doña ... y a Doña ... la finca urbana inscrita en el Expositivo I de este contrato, con cuantos derechos y obligaciones le sean inherentes y accesorios, equivaliendo el otorgamiento del presente documento, a la entrega material de la finca.

SEGUNDA. El precio de la compraventa de la finca descrita es de ... ptas. (... euros), que se reconocen recibidos de presente, sirviendo el presente documento de eficaz y cabal carta de pago.

TERCERA. Los gastos e impuestos derivados del otorgamiento y formalización de la presente escritura serán de cargo de la parte que corresponda según Ley, por lo que será de cuenta y cargo exclusivo del vendedor el Impuesto Municipal sobre Incremento del Valor de los Terrenos («plusvalía»).

CUARTA. La finca vendida lo es al corriente de pago de impuestos, contribuciones, arbitrios y tasas de toda clase y al corriente de los pagos comunitarios y de todos los servicios con los que cuenta (agua, luz, gas y teléfono). Se entrega certificado relativo a la inexistencia de deudas con la Comunidad de Propietarios.

QUINTA. El vendedor queda obligado a responder del saneamiento en los supuestos de evicción y vicios o defectos ocultos de la cosa vendida, conforme a Derecho y muy especialmente según lo que establecen los artículos 1.474, siguientes y complementarios, del Código civil.

Y para que así conste, ambas partes, de acuerdo con lo pactado, firman este contrato.

Firmado: Don ...

Firmado: Doña ...   Firmado: Doña ...

CONTRATO DE OBRA O CONSTRUCCIÓN

En Santa Cruz de Tenerife, a ... de ... de ...

REUNIDOS

De una parte, la sociedad PLAY, SA (en adelante designada como *la propiedad*).
Y de otra, la sociedad COTA, SL (en adelante designada como *el contratista* o *la constructora*).

Se reconocen ambas partes la capacidad legal necesaria para este acto y, a tal efecto,

EXPONEN

PRIMERO. Que la propiedad es única y exclusiva titular dominical de una parcela de terreno, sita en ...

SEGUNDO. Que en dicha parcela tiene intención de realizar la construcción de un hotel de cuatro estrellas.

TERCERO. Que sobre la base del mencionado proyecto y todas y cada una de sus partidas, ambas partes, previas las conversaciones oportunas, han convenido en formalizar el presente CONTRATO DE EJECUCIÓN DE OBRAS POR UNIDADES CON SUMINISTRO DE MATERIALES, que se regirá por las siguientes

ESTIPULACIONES

PRIMERA. Constituye el objeto de este contrato la ejecución de obras de construcción por unidades específicas y concretas, incluida la mano de obra y el suministro de materiales.

SEGUNDA. El precio de la obra será el resultado de aplicar a la medición real de obra los precios de cada unidad de obra pactados. Habiéndose contratado la obra bajo el concepto de «precio cerrado por unidad de obra», el carácter de este es fijo y no se halla sujeto a fórmula de revisión alguna por ningún concepto.

TERCERA. Las obras darán comienzo a partir del día siguiente de la firma del acta de replanteo, debidamente firmada por la dirección facultativa, el contratista y la propiedad y, en todo caso, no más tarde del ...

La duración de las mismas se fija de acuerdo con el *planning* de toda la obra, aceptado por ambas partes, que se firmará en un plazo de 15 (quince) días naturales a partir de la entrega completa del proyecto, pero, en ningún caso la fecha límite podrá ser posterior al ...

CUARTA. Los materiales serán los especificados en el proyecto y la documentación contractual complementaria.

QUINTA. El Contratista, como único responsable de la realización de las obras, se compromete al cumplimiento de todas las obligaciones que para el mismo, como empresario, se derivan. Asimismo, serán de cuenta y cargo de la constructora las indemnizaciones que hubieren de pagarse a terceras personas por daños y perjuicios de cualquier clase que hayan sido producidos como consecuencia de la ejecución de las obras.

SEXTA. Mensualmente se redactará una certificación de los trabajos realizados entre la dirección facultativa y el contratista conjuntamente en la que se valorarán los precios unitarios de la oferta aprobada por ambas partes. Los abonos de las certificaciones tienen la consideración de pagos provisionales a buena cuenta, sujetos a las rectificaciones y variaciones que puedan producirse en la liquidación final, a la recepción provisional y sin suponer, en forma alguna, aprobación o recepción de la unidad de obra que comprende.

MODELOS DE DOCUMENTOS • 155

SÉPTIMA. Se llevará a la obra un libro oficial de órdenes del Colegio Oficial de Arquitectos. En este libro se anotarán por la dirección facultativa las órdenes, instrucciones y comunicaciones que estimen oportunas, autorizándolas con su firma, de las cuales se dará por enterado el contratista, mediante un técnico con el grado mínimo de arquitecto técnico o aparejador, que deberá estar permanentemente en obra.

OCTAVA. Terminadas totalmente las obras objeto de este contrato y habiéndose notificado por el contratista esta terminación de forma expresa y fehaciente a la dirección facultativa, se procederá, en el plazo de 15 (quince) días hábiles a la recepción provisional de las obras por parte del contratista, la dirección facultativa y la propiedad, de la cual se levantará acta, en la que podrán hacerse constar las observaciones que pudieran realizar los interesados.

La recepción provisional de las obras se producirá una vez que hayan sido totalmente terminadas y estén abonadas todas las certificaciones expedidas hasta ese momento, salvo las retenciones y penalizaciones previstas sobre el importe de estas.

NOVENA. A partir de la firma del Acta de Recepción Provisional comenzará el plazo de garantía de las obras, que será de un año, transcurrido el cual, se procederá a un nuevo reconocimiento y se hará entrega definitiva de las obras a la propiedad, suscribiéndose por las mismas partes que realizaron la recepción provisional, la correspondiente Acta de Recepción Definitiva. En dicho momento, la propiedad abonará las cantidades retenidas en concepto de garantía o su remanente una vez aplicadas las deducciones que procedieran. A partir de la firma del Acta de Recepción Definitiva, quedará el contratista relevado de toda responsabilidad con respecto a la obra, salvo lo dispuesto en el artículo 1.591 del Código Civil.

DÉCIMA. En lo no previsto en el presente contrato, y en cuanto no se oponga a lo dispuesto en el mismo, serán de aplicación las prescripciones que para las ejecuciones de obra por ajuste o precio alzado se contienen en los artículos 1.588 al 1.600, ambos inclusive, del Código Civil.

Y en prueba de conformidad con todo cuanto antecede, las partes firman el presente contrato por duplicado, pero a un solo efecto, en el lugar y fecha al principio indicados.

Firmado: Doña ..., en representación de PLAY, SA.

Firmado: Don ..., en representación de COTA, SL.

CONTRATO DE PRÉSTAMO

En Cádiz, a ... de ... de ...

REUNIDOS

De una parte, Don ..., mayor de edad, de nacionalidad española, con domicilio en ..., y titular del documento nacional de identidad número ...
De otra parte, Don ..., mayor de edad, de nacionalidad española, con domicilio en ..., y titular del documento nacional de identidad número ...

INTERVIENEN

Ambos en su propio nombre y derecho.
Reconociéndose las partes mutuamente la capacidad legal necesaria para obligarse y contratar, de común acuerdo

EXPONEN

PRIMERO. Que para proceder a efectuar determinadas inversiones previstas en sociedades españolas, Don ... requiere de una financiación por una cuantía aproximada de ...

SEGUNDO. Que Don ... ha acordado financiar las inversiones previstas por Don ..., mediante la concesión de un préstamo.

TERCERO. Que habiendo acordado ambas partes la celebración de un contrato de préstamo, lo llevan a efecto de conformidad y con sujeción a las siguientes

ESTIPULACIONES

PRIMERA. OBJETO DEL CONTRATO. En virtud del presente documento, Don ... (en lo sucesivo *el prestamista*) se obliga a financiar a Don ... (en lo sucesivo *el prestatario*), mediante la concesión de un préstamo por un importe total de ...

SEGUNDA. ENTREGA DEL PRÉSTAMO. La entrega del préstamo se realizará en los siguientes plazos:

1.º La cantidad de ... será transferida a la cuenta que oportunamente se indicará, en el plazo de dos meses a contar desde la fecha del presente documento.

2.º Se realizarán cuantas transferencias sean necesarias en concepto de entrega a cuenta del préstamo concedido hasta alcanzar el importe total de ..., atendiendo a las necesidades del prestatario, durante el plazo de ... meses a contar desde la fecha del presente documento.

TERCERA. DESTINO DEL PRÉSTAMO. El prestatario destinará el importe del préstamo concedido a realizar inversiones en sociedades domiciliadas en España.

CUARTA. DURACIÓN DEL PRÉSTAMO. El préstamo tendrá una duración de ... años, a contar desde la fecha de su disposición y se amortizará en un solo pago a efectuar antes del día 31 de diciembre del año ... No obstante lo anterior, la duración del préstamo podrá ser prorrogada por las partes contratantes.

QUINTA. INTERESES. Las cantidades pendientes de amortización devengarán un tipo de interés anual del 2,5 %. Los intereses pactados se devengarán por años y se liquidarán anualmente por años anticipados cada uno de enero, con independencia de las amortizaciones de principal que se efectúen durante el año en curso.

SEXTA. FORMA DE PAGO DE LAS AMORTIZACIONES E INTERESES. Las amortizaciones del capital prestado, así como el abono de los intereses pactados, deberán realizarse mediante transferencia a la cuenta bancaria que el prestamista indicará oportunamente.

SÉPTIMA. VENCIMIENTO ANTICIPADO. El prestamista podrá dar por vencido el préstamo con antelación al término pactado, por los siguientes motivos:

1.º Por realizar el prestatario actos de disposición o gravamen de sus bienes sin el previo conocimiento y autorización del prestamista.

2.º Por el estado de concurso, quiebra o insolvencia del prestatario.

OCTAVA. AMORTIZACIÓN ANTICIPADA. El prestatario podrá amortizar total o parcialmente este préstamo en cualquier momento antes de su vencimiento mediante la devolución del capital pendiente e intereses devengados hasta ese momento, debiendo comunicarlo al prestamista con una antelación de 30 días.

NOVENA. RESPONSABILIDAD. El prestatario responde con todos sus bienes presentes y futuros del pago del préstamo que recibirá y de todas las obligaciones contraídas en el presente contrato.

DÉCIMA. GASTOS E IMPUESTOS. Todos los impuestos, así como los demás gastos que se originen por la formalización de este contrato, su cumplimiento o extinción, serán de cuenta de la prestataria.

UNDÉCIMA. LEGISLACIÓN APLICABLE. La naturaleza de este contrato es de carácter civil, por lo que se aplicarán las disposiciones del Código civil, Leyes especiales y usos mercantiles en todos aquellos supuestos no regulados expresamente por las partes.

DUODÉCIMA. JURISDICCIÓN Y COMPETENCIA. Para la resolución de cualquier controversia que pudiere derivarse del presente contrato, las partes se someten a los Juzgados y Tribunales de ..., con renuncia expresa a cualquier fuero que pudiera corresponderles.

Y, en prueba de conformidad, firman las partes el presente documento por ejemplar duplicado y a un solo efecto en el lugar y fecha indicados en el encabezamiento.

Firmado: Don ...

Firmado: Don ...

CONTRATO DE ARRAS

En ..., a ... de ... de ...

REUNIDOS

De una parte, Don ..., mayor de edad, titular del documento nacional de identidad número ... y su esposa, Doña ..., mayor de edad y titular del documento nacional de identidad número ...

Y de otra, Don ..., mayor de edad y titular del documento nacional de identidad número ...

Actuando en su propio nombre e interés, y reconociéndose recíprocamente la capacidad legal necesaria para contratar y obligarse,

MANIFIESTAN

PRIMERO. Que Don ... y Doña ... son propietarios por mitades indivisas de una vivienda sita en el término de ..., cuya descripción es la siguiente:

Piso bajos, puerta primera, de la casa número 3, en la calle de ... en la ciudad de ... La vivienda mide una superficie de setenta y cuatro metros y setenta centímetros cuadrados. Se compone de recibo, cocina, sala de estar y comedor, tres dormitorios, un baño, un aseo, un lavadero y un patio o terraza.

SEGUNDO. Que Don ... está interesado en adquirir la descrita vivienda mediante el precio y condiciones de los que luego se hará mención.

TERCERO. Que ambas partes están interesadas en formalizar con carácter previo a la compraventa, un contrato de arras, a tenor de lo siguiente:

PACTOS

PRIMERO. OBJETO. Don ... y Doña ... (que de ahora en adelante serán denominados *los vendedores*) y Don ... (en adelante *el comprador*) acuerdan llevar a cabo la compraventa de la vivienda que ha sido descrita en la primera manifestación.

SEGUNDO. PRECIO. El precio de la compraventa se fija en la suma de ... pesetas (... euros).

La indicada suma será entregada por el comprador a los vendedores en la siguiente forma:

1.º La suma de ... pesetas (... euros) se entregan a los vendedores a la firma del presente contrato de arras penitenciales, mediante talón bancario.

2.º La cantidad necesaria para pagar y cancelar en el registro la hipoteca inscrita a favor de ... y constituida en garantía de un préstamo concedido por los vendedores, será retenida por el comprador, haciéndose cargo del pago de la cancelación registral a cuenta de los vendedores.

3.º El resto del precio será pagado por el comprador a los vendedores mediante cheque bancario o en efectivo metálico, a la firma de la escritura pública de compraventa.

TERCERO. OTORGAMIENTO DE LA ESCRITURA PÚBLICA. La firma de la oportuna escritura pública de compraventa deberá otorgarse ante el notario que designe la parte compradora dentro del plazo de un mes desde la firma del presente contrato, no pudiendo exceder nunca de la fecha límite del 25 de marzo. En dicho acto la compradora deberá entregar a los vendedores el total del precio aplazado, en la forma prevista en el pacto segundo del presente contrato.

CUARTO. CARGAS. La finca se vende como libre de cargas (con la excepción de la hipoteca mencionada), gravámenes y arrendatarios, así como al corriente en el pago de impuestos, contribuciones, cuotas de comunidad y débitos devengados con anterioridad en el momento de la firma del presente contrato, comprometiéndose los vendedores a cancelar anticipadamente los referidos conceptos. El vendedor, por su parte, se compromete a presentar un certificado expedido por el administrador acreditando estar al corriente de las cuotas e impuestos de la comunidad de propietarios.

QUINTO. GASTOS E IMPUESTOS. Los gastos e impuestos, excepto el Impuesto Municipal sobre el Incremento de Valor de los Terrenos de Naturaleza Urbana, que se originen por los actos, negocios jurídicos y escrituras derivadas del presente contrato, serán de cuenta y a cargo exclusivo del comprador, incluido el ITP.

Todos los gastos relativos a la cancelación administrativa y su inscripción en el Registro de la propiedad de la hipoteca irán a cargo exclusivo de los vendedores.

SEXTO. RESOLUCIÓN DEL CONTRATO. En el supuesto de resolución del contrato por causa imputable al comprador, las cantidades entregadas por este a los vendedores en el momento de la firma del presente contrato quedarán en poder de estos últimos en concepto de cláusula penal, no teniendo derecho el comprador a pedir nada ni reclamar.

Para el caso de que por causa imputable a la parte vendedora no pudiera realizarse la oportuna escritura pública de compraventa, el comprador podrá optar entre exigir el cumplimiento forzoso del contrato o la resolución del mismo, en cuyo caso deberán serle retornadas por duplicado la cantidad entregada en concepto de cláusula penal pactada por las partes de conformidad con el artículo 1.454 del Código civil.

SÉPTIMO. SANEAMIENTO POR EVICCIÓN. El vendedor está obligado a la entrega del inmueble descrito, respondiendo en su caso de los vicios y defectos ocultos que tuviere el mismo y del saneamiento en caso de evicción.

Asimismo el vendedor se compromete a dejar en la vivienda los muebles y objetos incluidos en el inventario que se adjunta.

OCTAVO. AUTORIZACIÓN DE PERMANENCIA EN LA VIVIENDA. Los vendedores podrán permanecer en la vivienda durante un periodo de tres meses a la firma de este contrato, no pudiendo exceder del primero de julio de …

Para el caso de que, a la fecha arriba mencionada, la vivienda no estuviese desocupada, los vendedores se obligan al pago al comprador de 100.000 ptas. (600 euros) mensuales como penalización pactada por las partes.

En prueba de conformidad con lo anterior, ambas partes firman el presente contrato por duplicado y a un solo efecto, en el lugar y fecha al principio indicados.

Los vendedores: Don …, Doña …

El comprador: Don …

CONVENIO REGULADOR

En ..., a ... de ... de ...

REUNIDOS

De una parte, Doña ..., de ... de edad, vecina de ..., con domicilio en ..., titular del documento nacional de identidad número ...
Y de otra, Don ..., de ... de edad, vecino de ..., con domicilio en ..., titular del documento nacional de identidad número ...
Actúan en nombre e interés propio y

MANIFIESTAN

PRIMERO. Que contrajeron matrimonio canónico en ..., el ... de ... de ...

SEGUNDO. Que de la referida unión existen dos hijos: ..., nacida el ... de ... de ..., y ..., nacido el ... de ... de ...

TERCERO. Que su régimen económico matrimonial es el de separación de bienes.

CUARTO. Que por distintos factores procedieron a separarse en..., suscribiendo un Convenio regulador en ... de ...

QUINTO. Que transcurrido todo este tiempo, han acordado proceder a divorciarse, y a tal fin otorgan el presente Convenio regulador de los efectos de su divorcio, dando cumplimiento a lo dispuesto en el artículo 90 del Código Civil.

Lo sujetan a los siguientes

PACTOS

PRIMERO. DOMICILIO CONYUGAL. El hasta ahora domicilio conyugal, sito en ..., calle ..., número ..., es propiedad de la esposa, por lo que nada cabe pactar al respecto.

El esposo, en su día, ya retiró del domicilio conyugal su ropa y enseres personales.

Ambos cónyuges podrán variar libremente su domicilio, previa comunicación al otro cónyuge.

SEGUNDO. PATRIA POTESTAD, CONVIVENCIA Y GUARDA DE LOS HIJOS. Se atribuye la guardia y custodia de los dos hijos a la madre.

En cuanto a la patria potestad, esta continuará siendo compartida y ejercida conjuntamente por ambos cónyuges. Como consecuencia de esto, los cónyuges se comprometen a proceder siempre de común acuerdo para decidir los estudios que deban seguir sus hijos, su alcance e importancia, los centros escolares y universitarios a los que deban asistir y en general cualquier cuestión trascendente que afecte a la educación, instrucción, salud, asistencia médica y crianza en general de los menores.

TERCERO. RÉGIMEN DE VISITAS. Se establece un régimen de visitas en favor del padre para con sus hijos libre y flexible, de manera que pueda visitarlos cuando sea su deseo, previo acuerdo con la madre.

No obstante, en caso de desacuerdo, y a los pertinentes efectos de concreción, se fijan las siguientes normas de comunicación con el padre:

1. Fines de semana alternos, desde los viernes a la salida del colegio, hasta el domingo a las 21:00 h. Dicho fin de semana se entenderá prorrogado el día inmediatamente anterior o posterior en caso de ser estos festivos.

2. Vacaciones escolares de Navidad, Semana Santa y verano, por mitades alternas.

CUARTO. ALIMENTOS Y CONTRIBUCIÓN A LAS CARGAS FAMILIARES. Como contribución a las cargas del matrimonio y al deber de alimentos de los hijos, Don ... entregará a Doña ..., mediante el ingreso en una cuenta bancaria a nombre de ella, la cantidad de ... pesetas (... euros) mensuales, que deberá ser ingresada dentro de los cinco primeros días de cada mes.

Dicha cifra se actualizará anualmente en función de las variaciones que experimente el IPC.

Correrá a cargo de Don ... el pago de los recibos escolares o la matrícula de la universidad o estudios superiores, así como los restantes gastos que los estudios puedan ocasionar.

Correrá a cargo de Don ... el pago de cualesquiera otras actividades educativas y formativas de los hijos (idiomas, clases de repaso, actividades extraescolares, deportivas, etc.), si bien estas deberán ser aceptadas previamente por ambos padres de común acuerdo.

QUINTO. PENSIÓN COMPENSATORIA. No procede el establecimiento de pensión compensatoria alguna por tener ambos cónyuges medios de vida propios y no producir el divorcio un desequilibrio económico en ninguna de las dos partes.

SEXTO. RÉGIMEN ECONÓMICO DEL MATRIMONIO. El régimen económico del matrimonio era el de separación de bienes, por lo que cada cónyuge es propietario de todos sus bienes, y no procede liquidación ni reclamación patrimonial alguna.

FINAL. Ambos cónyuges se comprometen a sustanciar de común acuerdo el proceso de divorcio, por el trámite señalado en la Disposición Adicional Sexta de la Ley de 30/81 de 7 de julio, constituyendo el presente documento el convenio regulador.

Y para que así conste y en prueba de conformidad, las partes suscriben el presente documento por triplicado y a un solo efecto, en la ciudad y fecha al principio indicados.

Firmado: Doña ...

Firmado: Don ...

CONTRATO DE SUBARRENDAMIENTO

En ..., a ... de ... de ...

REUNIDOS

De una parte, Doña ..., de ... de edad, vecina de ..., con domicilio en ..., titular del documento nacional de identidad número ... (en adelante, *la subarrendadora*).

Y de otra parte, Doña ..., de ... de edad, vecina de ..., con domicilio en ..., titular del documento nacional de identidad número ... (en adelante, *la subarrendataria*).

Reconociéndose mutuamente, según intervienen, la capacidad legal necesaria para contratar y obligarse,

EXPONEN

PRIMERO. Que ... es arrendataria del local ... en virtud del contrato ...

SEGUNDO. Que siendo el interés de las partes celebrar un contrato de subarriendo total del local mencionado (en adelante, *el local*), de sus libres y espontáneas voluntades acuerdan suscribir el presente, que se habrá de regir por las siguientes

CLÁUSULAS

PRIMERA. Doña ... cede en subarrendamiento a Doña ... la totalidad del local, siendo el plazo del presente contrato de ... años a partir del día ..., expirando, por tanto, el día ...

SEGUNDA. La renta del subarriendo establecido en el pacto precedente es de ... pesetas (... euros) mensuales, pagadera por anticipado y dentro de los cinco primeros días hábiles de cada mes, en el domicilio de la subarrendadora.

La cantidad antes indicada será revisada anualmente, acomodándose a la fecha de vencimiento de cada anualidad a las variaciones sufridas por el Índice General de Precios al Consumo (IPC), en su conjunto nacional, conforme a los índices que para ello fije el Instituto Nacional de Estadística o el Organismo que en todo momento le sustituya. La indicada renta será incrementada en el importe del IVA al tipo correspondiente y comenzará a devengarse desde el día del inicio del mismo, o sea desde el día ...

TERCERA. El subarriendo aquí establecido es exclusivo a favor de la subarrendataria, motivo por el cual esta no podrá, a su vez, ceder el uso del local ni total ni parcialmente ni tampoco permitir la introducción en el mismo de terceras personas.

CUARTA. La subarrendataria responderá de los daños que puedan originarse en la finca por sus empleados, clientes o proveedores, correspondiendo a dicha sociedad el pago de las reparaciones e indemnizaciones que deban efectuarse o satisfacerse.

QUINTA. A la expiración definitiva del subarriendo, y sin necesidad de ningún tipo de previo requerimiento, la subarrendataria deberá dar posesión a la subarrendadora de la finca que ocupa, tras haber desmontado y retirado todas las instalaciones efectuadas y haberla desalojado totalmente, dejándola libre y expedita y en correctas condiciones.

SEXTA. La subarrendataria podrá colocar, instalar y pintar los anuncios, rótulos y letreros de identificación y reclamo del establecimiento que estime oportunos, siempre y cuando se halle en posesión de las autorizaciones y permisos municipales y administrativos que sean procedentes debiendo recabar, en su caso, la autorización de la entidad arrendadora, con entera indemnidad para la subarrendadora.

Y para que conste, firman el presente contrato, por duplicado y a un solo efecto, en el lugar y fecha al principio indicados.

Firmado: la subarrendadora, Doña …

Firmado: la subarrendataria, Doña …

DECLARACIÓN DE HEREDEROS ABINTESTATO

AL JUZGADO

Doña …, Procuradora de los Tribunales, actuando en nombre y representación de Don … y Don …, según acredito mediante la escritura de poder para pleitos que debidamente bastanteada acompaño para su inserción en autos mediante copia concordada con devolución del original, ante el Juzgado comparezco y, como mejor proceda en Derecho,

DIGO

Que, mediante el presente escrito, promuevo EXPEDIENTE DE DECLARACIÓN DE HEREDEROS ABINTESTATO de Don … (EPD), a cuyo fin paso a exponer los siguientes

HECHOS

PRIMERO. Don …, nacido a … de … de … en la localidad de …, falleció en … (ciudad en la que también residía y tenía fijado su domicilio), el día … de … del año …, sin haber otorgado testamento ni acto de última voluntad alguno.

Lo anterior se acredita mediante los certificados de defunción y del Registro General de Actos de Última Voluntad que se adjuntan, respectivamente, como Documentos números Uno y Dos.

SEGUNDO. Don … falleció soltero y sin descendencia, siendo sus más próximos parientes sus hermanos, Don … y Don …

Se acreditan todos los anteriores extremos mediante la fotocopia legitimada notarialmente de la parte bastante del Libro de Familia, que se acompaña como Documento número Tres.

TERCERO. Procede, en consecuencia, a declarar herederos abintestato de Don ... a sus hermanos supervivientes, los aquí instantes, Don ... y Don ..., por partes iguales.

CUARTO. En cumplimiento de lo dispuesto en el artículo 979 de la Ley de Enjuiciamiento Civil, se ofrece información testifical sobre los siguientes extremos:

1. Que Don ... falleció el día ... de ... del año ..., sin haber otorgado testamento ni acto de última voluntad alguno.

2. Que Don ... era de estado civil soltero y no tenía ningún descendiente.

3. Que los parientes vivos más cercanos de Don ... son sus hermanos Don ... y Don ...

A los precedentes Hechos les son de aplicación los siguientes

FUNDAMENTOS DE DERECHO

PRIMERO. Artículos 978 y siguientes, y cuantos sean concordantes con estos, de la Ley de Enjuiciamiento Civil.

SEGUNDO. Los invocados en el cuerpo del presente escrito.

TERCERO. Todos aquellos fundamentos que sean de pertinente aplicación, a criterio de Su Señoría, en virtud del principio *iura novit curia*.

En su virtud,

AL JUZGADO SUPLICO

Que habiendo por presentado este escrito y los documentos que lo acompañan, se sirva admitirlo, se me tenga por comparecida en la representación que acredito y por promovido el presente expediente, y tras la oportuna tramitación, con citación del Ministerio Fiscal, se sirva dictar Auto declarando herederos abintestato del causante Don ..., a sus hermanos Don ... y Don ...

OTROSÍ DIGO

Que una vez firme el Auto que se dicte, interesa y

AL JUZGADO SUPLICO

Se sirva librar testimonio del mismo, ordenándose el desglose y entrega a esta parte de los documentos acompañados con el presente escrito.

En ..., a ... de ... de ...

ESCRITURA DE HIPOTECA

COMPARECEN

Don ..., de ... de edad, de estado civil ..., de profesión ..., vecino de ..., con domicilio en ..., titular del documento nacional de identidad número ...

Don ..., de ... de edad, de estado civil ..., de profesión ..., vecino de ..., con domicilio en ..., titular del documento nacional de identidad número ...

Don ..., de ... de edad, de estado civil ..., de profesión ..., vecino de ..., con domicilio en ..., titular del documento nacional de identidad número ...

INTERVIENEN

El primero, en nombre de EDIFICIO, SA en su calidad de Administrador Único de la misma; el segundo, en nombre de TRA, SA y de TRU, SL en su calidad de Gerente de las mismas y el tercero en nombre de OLBA, SA, en su carácter de Director General.

EXPONEN

PRIMERO. Que OLBA es acreedora de TRA y de TRU (en adelante, designadas conjuntamente como *las deudoras*) por las cantidades principales respectivas de ... y ... pesetas (en conjunto, ... ptas.; ... euros), con un interés pactado en ambos préstamos del cinco y medio por ciento (5,5 %) anual; siendo pagadera tanto la cantidad correspondiente a la principal como la correspondiente a los intereses, de una sola vez en la fecha de ...

SEGUNDO. Que EDIFICIO es propietaria de la siguiente finca: Solar edificable sito en ...

TERCERO. Que con la finalidad de garantizar la devolución de los créditos referidos en el precedente apartado primero, cuyas condiciones son conocidas por la hipotecante y se mantienen vigentes, EDIFICIO, al amparo de lo dispuesto en el artículo 138 de la Ley Hipotecaria, constituye y otorga voluntariamente a favor de OLBA una garantía real de hipoteca, que se regula por las siguientes

CLÁUSULAS

PRIMERA. CONSTITUCIÓN DE HIPOTECA Y ACEPTACIÓN DE LA MISMA

1.1. Sin perjuicio de la responsabilidad patrimonial e ilimitada de las entidades deudoras, EDIFICIO, en garantía de las cantidades adeudadas por TRA y TRU a favor de OBLA, constituye hipoteca sobre la finca de su propiedad descrita en el antecedente SEGUNDO para el supuesto de incumplimiento de las obligaciones de pago de cualquiera de las entidades deudoras.

1.2. OBLA acepta pura e incondicionalmente en este acto la hipoteca a su favor constituida.

SEGUNDA. EXTENSIÓN DE LA HIPOTECA

La hipoteca constituida se hace expresamente extensiva a los bienes muebles colocados permanentemente en la finca, a los frutos y rentas que detalla el artículo 111 de la Ley Hipotecaria, las accesiones, obras y mejoras en los términos del artículo 110, así como también a las indemnizaciones que en el caso de siniestros o de expropiación sustituyan total o parcialmente el valor de la finca hipotecada, y las mejoras por nuevas construcciones y ampliación de las existentes, incluso las hacederas por tercer poseedor, quien se entenderá sometido a este pacto si asume el pago de la deuda o retiene cantidad para verificarlo.

TERCERA. OBLIGACIONES DE LA PARTE HIPOTECANTE

La parte hipotecante se obliga a:

— mantener en buen estado de conservación la finca hipotecada;
— pagar puntualmente las contribuciones e impuestos que grave la finca hipotecada.

CUARTA. ACCIONES JUDICIALES

4.1. La acreedora podrá utilizar el procedimiento ejecutivo ordinario, el judicial sumario que regula el artículo 131 de la Ley Hipotecaria o cualquier otro existente, pudiendo, en todo momento, desistir de los que haya comenzado y promover otros.

4.2. Se tasa el bien hipotecado en ... ptas. (... euros) y se señala, como fecha de vencimiento, el de los créditos que la hipoteca garantiza.

QUINTA. GASTOS E IMPUESTOS

Serán de cargo de las entidades deudoras el pago de todos los gastos e impuestos de esta escritura, los de la primera copia para la acreedora, los de inscripción en el Registro de la Propiedad correspondiente y los derivados de la cancelación en su día.

SEXTA. SOLICITUD DE INSCRIPCIÓN

Todos los comparecientes prestan su consentimiento al contenido de esta escritura y solicitan expresamente al Señor Registrador de la Propiedad la inscripción, total o parcial, de la misma.

En ..., a ... de ... de ...

Firmado: Don ...   Firmado: Don ...
Firmado: Don ...

TESTAMENTO

En ..., siendo las ... horas y ... minutos del día ... de ... de ...

Ante mí, ... notario del Ilustre Colegio de ...

COMPARECE

Doña ..., de ... años de edad, casada en régimen de separación de bienes, sin profesión especial, vecina de ..., calle ... y con documento nacional de identidad número ..., quien

MANIFIESTA

PRIMERO. Que es natural de ... e hija legítima de los consortes Don ... y Doña ..., ambos vivientes.

SEGUNDO. Que está casado con Don ... bajo el régimen de separación de bienes, siendo este el único matrimonio contraído y del cual tiene dos hijas, llamadas ... y ...

TERCERO. Que por razón de nacimiento y de residencia continuada, es de vecindad civil ...

A mi juicio tiene la capacidad legal necesaria para otorgar el presente testamento y lo hace según las siguientes

CLÁUSULAS

PRIMERA. Es voluntad de la testadora que su entierro y sufragios sean hechos de acuerdo con los ritos de la Iglesia católica.

SEGUNDA. Lega a sus hijas, ... y ..., sustituidas vulgarmente por sus descendientes respectivos y, en su defecto, recíprocamente entre sí, la legítima que les corresponda.

TERCERA. Instituye heredero a su esposo, Jaime ..., y para el supuesto de premorencia o comorencia, salvando expresamente la legítima establecida, nombra herederas a sus mencionadas hijas ... y ... en la proporción de la mitad cada una de ellas, sustituidas vulgarmente por sus descendientes respectivos.

CUARTA. Encarga expresamente a sus herederos que si entre sus papeles fuera hallada alguna memoria testamentaria, codicilo o escrito en orden de su voluntad de repartir sus bienes, sea respetado escrupulosamente como si fuese parte de este testamento.

Así lo hace constar la testadora, de acuerdo con cuya voluntad extiendo la presente escritura a la cual la otorgante da su conformidad y la ratifica y firma, después de que yo, el notario, la haya leído en voz alta, al haber renunciado al derecho que tenía de hacerlo por sí.

De conocer a la otorgante, de la unidad de acto, de haberse observado todas las otras formalidades de la Ley y del total contenido de este instrumento público extendido en ..., como notario autorizante, doy fe.

Firmado: Doña ...

Firmado: Don ..., notario.

Glosario

Abogado. Licenciado en Derecho, dado de alta en el correspondiente colegio profesional, cuya función es el asesoramiento jurídico y la defensa de los intereses de particulares, empresas o corporaciones.

Acción reivindicatoria. Procedimiento judicial por el cual se solicita al juez que sea dictada una sentencia que contenga la declaración expresa de que un determinado bien pertenece a una persona en concreto, que debe ser tenida como propietaria del mismo.

Aceptación de herencia. Acto voluntario de la persona designada como heredera, mediante el que asume los derechos y obligaciones derivadas de la herencia, retrotrayéndose los efectos al momento del fallecimiento del causante.

Acreedor. Persona que ostenta un derecho de crédito contra otra, que se denomina *deudor*.

Adquisición preferente (derecho de). Facultad de adquirir un determinado bien con preferencia sobre todas las demás personas.

Agente de la Propiedad Inmobiliaria (API). Profesional titulado que se dedica a intermediar y asesorar en los negocios relativos a los bienes inmuebles.

180 • El Código civil explicado para todos

Albacea. Persona que se designa en el testamento para asegurar el cumplimiento de sus últimas voluntades, a fin de evitar conflictos entre los herederos y los legatarios.

Alquiler. Forma común de designar el contrato de arrendamiento de fincas urbanas (viviendas o locales de negocio).

Arras. Cantidad que el comprador entrega al vendedor a cuenta del precio total convenido, con la posibilidad de resolver el contrato de compraventa, allanándose el comprador a perderla o el vendedor a devolverla duplicada.

Arrendamiento. Designación genérica que engloba los contratos de arrendamiento de cosas, obras y servicios. En el de cosas, el arrendador cede al arrendatario el uso y disfrute de una cosa por un tiempo determinado. En el de obra, el arrendatario se obliga ante el arrendador a ejecutar una obra (por ejemplo, a construir una casa). En el de servicios, el arrendatario, se obliga ante el arrendador a prestar un servicio, con independencia de cuál sea el resultado final (por ejemplo, un abogado a defender a un cliente en un juicio). Siempre conllevan el pago de una renta o precio.

Arrendamiento rústico. Arrendamiento de cosas cuyo objeto es una finca para uso agrícola, ganadero o forestal. Se rigen por la Ley de Arrendamientos Rústicos (LAR) de 1980.

Arrendamiento urbano. La categoría más importante de los arrendamientos de cosas. Es el que se refiere a fincas urbanas. Se rigen por la Ley de Arrendamientos Urbanos (LAU) del año 1994.

Beneficio de inventario. Forma de aceptar las herencias que permite al heredero no responder de las deudas que pudiera tener el causante.

Bien inmueble. Denominación técnica que comprende tanto las fincas sin edificar o terrenos, como las propias construcciones.

Bien mueble. Denominación técnica de aquellos bienes susceptibles de ser transportados.

Boletín Oficial del Estado (**BOE**). Publicación periódica mediante la que se dan a conocer las disposiciones legales (leyes, reglamentos, etc.), así como otros actos de trascendencia (nombramientos de funcionarios, etc.).

Buena fe. Forma de actuar confiada, recta, diligente y carente de mala intención. En principio, el ordenamiento jurídico presupone que siempre se actúa de buena fe, debiendo demostrar que no ha sido así quien sostenga lo contrario.

Caducidad. Pérdida de un derecho por el paso del tiempo, sin que quepa la posibilidad de interrupción.

Capitulaciones matrimoniales. Documento solemne que puede suscribirse antes o después de casarse y en el que los interesados hacen constar determinados extremos económicos del matrimonio que van a celebrar o que han celebrado.

Caso fortuito. Suceso que no podía ser previsto, aun actuando con toda la diligencia exigible.

Causante. En el ámbito de las herencias, aquella persona que fallece y, como consecuencia de ello, se inicia el fenómeno sucesorio.

Cesión de local. Véase *traspaso del local*.

Cheque. Documento sustitutivo de un pago en efectivo que se emite contra una cuenta abierta en un banco o caja de ahorros.

Código civil. Compilación que data del año 1888 en la que se recogen las normas jurídicas que regulan los aspectos privados de la vida de las personas (por ejemplo, los contratos, el estado civil de las personas, la nacionalidad, etc.).

Compraventa (contrato de). Obligación que asume una persona (el vendedor) de entregar una cosa a otra (el comprador) a cambio de un precio.

Compraventa a plazos (contrato de). Compraventa en la que el precio se satisface en diversas veces, con el consiguiente incremento de este como lógica consecuencia.

Consanguinidad. Vínculo de parentesco. Los distintos grados suponen una mayor o menor lejanía de parentesco entre dos personas.

Constitución española. Norma suprema del Reino de España a la que no puede oponerse ninguna ley o sentencia que se dicte. Fue aprobada mediante referéndum el día 6 de diciembre de 1978.

Convenio de separación. Documento que suscriben los cónyuges que desean separarse de mutuo acuerdo en el que regulan los aspectos principales de su nueva situación.

Cosa fungible. Aquella cuya utilización supone su consumo (por ejemplo, el dinero corriente).

Cosa no fungible. Aquella cuya utilización no supone su consumo (por ejemplo, un automóvil).

Curatela. Institución de guarda y protección de la persona y bienes del menor, similar a la tutela, que se aplica, principalmente a los que han sido declarados pródigos (es decir, a aquellas personas que, por enfermedad, no son capaces de administrar su patrimonio).

Daños y perjuicios. Menoscabos o pérdidas que se sufren como consecuencia de la actuación maliciosa o meramente negligente de otras personas o entidades.

Depósito (contrato de). Contrato por el que encargamos a alguien que conserve y cuide un objeto, con la obligación de devolvérnoslo.

Por ejemplo, al ausentarnos por un viaje entregamos la colección de monedas antiguas a nuestro vecino para que cuide de ella y nos la devuelva cuando regresemos.

Derecho civil. Rama del Derecho que se ocupa de las relaciones entre personas físicas o particulares. Forma parte del Derecho administrativo, pero con una importante autonomía, el Derecho urbanístico.

Derechos reales. Facultades que recaen sobre bienes inmuebles, por ejemplo, la hipoteca o el usufructo.

Desahucio. Decisión que toma un juez tras el correspondiente procedimiento, consistente en obligar a una persona a abandonar la vivienda o el local que está ocupando si, por ejemplo, ha dejado de pagar la correspondiente renta.

Deudor. Persona respecto de la cual el acreedor ostenta un derecho de crédito.

Divorcio. Forma de disolución legal del matrimonio civil. La Iglesia católica no lo considera como causa necesaria de disolución del matrimonio.

Dolo. Término que suele utilizarse como equivalente de mala intención o mala fe. En general, se presume que la actuación de las personas nunca es mediando dolo por lo que aquel que lo afirme, deberá demostrarlo.

Donación (contrato de). Disposición de un bien a favor de una persona sin que medie precio o contraprestación alguna, por lo que es el paradigma de los denominados *negocios gratuitos*.

Embargo. Forma de asegurar la indisponibilidad de los bienes del deudor en el marco de un juicio ejecutivo o a resultas de haber sido condenado al pago de una determinada cantidad de dinero.

Extranjero. Persona que carece de la nacionalidad propia de un estado.

Fianza. Cantidad de dinero que el arrendatario debe entregar al arrendador al formalizar un contrato de arrendamiento urbano con la finalidad de garantizar que devolverá la vivienda o el local en perfectas condiciones y que recupera al final del contrato si ello es así. En los arrendamientos de vivienda, la fianza obligatoria equivale a una mensualidad y en los de uso distinto al de vivienda, a dos.

Fuentes del derecho. Origen de las normas que componen un ordenamiento jurídico concreto. Así, por ejemplo, las fuentes del ordenamiento jurídico español son, según el Código civil, la ley, la costumbre y los principios generales del Derecho.

Fundaciones. Organizaciones constituidas sin ánimo de obtener un beneficio económico que, por voluntad de sus creadores, tienen afectado de modo duradero su patrimonio a la realización de fines de interés general.

Heredero. Persona designada para suceder en los derechos y obligaciones de la persona que fallece (denominada *causante*).

Herencia. Conjunto de derechos y obligaciones del causante.

Herencia yacente. Herencia que todavía no ha sido aceptada por los herederos o legatarios.

Hipoteca. Derecho consistente en garantizar, de forma principal, el pago de una deuda con la propiedad de un bien.

Hipoteca inmobiliaria. Es la hipoteca más extendida y es la que se constituye sobre una finca, una vivienda, un local, etc.

Hipoteca mobiliaria. Clase de hipoteca que se constituye sobre un bien mueble: una máquina, un automóvil, etc.

Imprudencia. Actuación negligente o descuidada. No supone una intención de causar un perjuicio, sino una escasa diligencia en evitar que este pueda ser causado.

Juez. Persona cuya misión es la de impartir justicia en aquel territorio y aquellas materias sobre las que tiene otorgada jurisdicción y competencia.

Legado. Forma de suceder *mortis causa* a título singular (en un bien o derecho en concreto), a diferencia de la herencia, que lo es a título universal. Por ejemplo, el testador designa a un heredero al que le impone la carga de entregar a una tercera persona, en concepto de legado, su colección de sellos emitidos por la extinta República Democrática Alemana. El legado lo puede ser de cosas específicas, de cosas ajenas, genérico, alternativo, de pensión, de crédito, de liberación o de cosa debida.

Legítima. Parte de la herencia de la cual el testador no puede disponer por atribuirla la ley a los parientes más próximos de este.

Memorias testamentarias. Notas o escritos autógrafos del testador por los cuales adicionaba, modificaba o derogaba alguna disposición testamentaria. Se contemplaban en el antiguo Código civil, no en el actual.

Nudo propietario. En el derecho de usufructo, aquella persona que conserva la mera propiedad de la cosa, pero no goza de su uso y disfrute.

Nulidad matrimonial. Declaración expresa en el sentido de que un matrimonio no tiene ni ha tenido nunca existencia, porque en el momento en que fue contraído concurrían causas gravísimas que afectaron a los requisitos necesarios para poderlo considerar válido. Por ejemplo, uno de los cónyuges otorgó su consentimiento por haber sido seriamente amenazado de muerte por el otro en caso de no hacerlo.

Partición de herencia. Acto de reparto de los bienes hereditarios entre todas las personas que ostentan un derecho al respecto.

Partida de nacimiento. Documento que acredita el hecho de haber nacido, con expresión del lugar, de la hora y de la filiación.

Persona física. Sinónimo de persona particular, por oposición a las personas jurídicas (sociedades y entidades).

Persona jurídica. Denominación técnica de las sociedades y las entidades, por oposición a los particulares o personas físicas.

Posesión. Mera tenencia de un bien, que no tiene por qué ser en concepto de dueño o propietario del mismo. Por ejemplo, una persona puede estar en posesión de un automóvil que es propiedad de su hermano quien, por hallarse de viaje, se lo presta.

Prenda. Derecho real consistente en poner en poder de una persona un determinado bien que es devuelto a su propietario una vez cumplida la obligación que se garantiza. Si el bien queda en poder del mismo deudor, propietario del bien, surge la denominada *prenda sin desplazamiento*.

Prescripción. Transcurso del tiempo que lleva aparejada la pérdida de una acción (prescripción extintiva). A diferencia de la caducidad (véase), la prescripción puede interrumpirse.

Préstamo. Contrato por el cual una de las partes entrega a otra una determinada cantidad de dinero asumiendo la parte que lo recibe y la obligación de restituirla, normalmente incrementada con intereses.

Propiedad. Señorío absoluto sobre una cosa.

Registro civil. Oficina pública en la que se inscriben y constan los hechos relativos a la vida y al estado civil de las personas (nacimiento, matrimonio, fallecimiento, etc.).

Registro de la propiedad. Oficina pública en la que se inscriben los actos relativos a las fincas (por ejemplo, su segregación, su agrupación, su edificación, etc.).

Repudiación de herencia. Acto expreso y voluntario del heredero rechazando la herencia a la que tiene derecho.

Responsabilidad civil. Obligación de asumir las consecuencias negativas de nuestra actuación o de las personas o animales por los que debemos responder (hijos menores, perros, empleados, etc.). Si deriva de un previo contrato, se denomina *contractual* y, en caso contrario, *extracontractual*.

Servidumbre. Gravamen impuesto sobre un inmueble (predio sirviente) en beneficio de otro (predio dominante) perteneciente a distinto dueño. Por ejemplo, sobre una finca existe una servidumbre de paso respecto de otra si para acceder a esta es imprescindible pasar por la primera.

Subarriendo. Contrato mediante el cual un arrendatario cede a un tercero (el subarrendatario) todo o parte de la vivienda o del local que ocupa.

Sucesión intestada. La que se ordena según dispone la ley, a falta de testamento.

Sucesión testada. La que se ordena mediante testamento.

Sustitución. En el ámbito de las herencias, disposición en virtud de la cual un tercero es llamado a recibir un activo hereditario en defecto de una primera persona o después de ella.

Sustitución ejemplar. Posibilidad de los padres u otros ascendientes para testar en nombre de los descendientes mayores de catorce años declarados incapaces, para el caso de que mueran antes de llegar a esta edad.

Sustitución fideicomisaria. Disposición por la cual el testador impone al heredero o legatario la obligación de conservar la herencia o legado y de transmitirla a su muerte a otras personas expresamente indicadas.

Sustitución pupilar. Posibilidad de los padres u otros ascendientes para testar en nombre de los descendientes menores de catorce años, para el caso de que mueran antes de llegar a esta edad.

Sustitución vulgar. Modalidad de la sustitución mediante la cual hereda el designado en segundo lugar si el designado en primer lugar no llega a heredar.

Testamento. Expresión solemne de las últimas voluntades de una persona. Puede ser común o especial y como subclases están, respectivamente: el ológrafo (redactado a mano), el abierto (dictado al notario) y el cerrado (contenido en un pliego que se entrega al notario) —de una parte— y el militar, el marítimo y el hecho en el extranjero —de otra.

Traspaso de local. Es el derecho del arrendatario de un local de negocio de ceder su derecho a una tercera persona mediante el pago de un precio determinado. En la vigente Ley de Arrendamientos Urbanos de 1994, el traspaso se denomina *cesión del contrato*.

Usufructo. Derecho real en el que coexiste un nudo propietario, que es el mero dueño del inmueble, y el usufructuario, que es quien —con ciertas limitaciones— puede usar y disfrutar del mismo, pese a no ser propietario.

Viudedad. Estado civil de aquella persona cuyo cónyuge ha fallecido. En general, supone el derecho a cobrar una pensión.

Índice analítico

abintestato, 106, 108, 111, 112, 124, 125
abuelos, 134
aceptación de la herencia, 110-112, 120
acto particional, 113
adjudicación, 112
adopción, 42-44, 49, 133
adquisición de la herencia, 106
albacea, 120, 180
anticresis, 101
arras, 85, 86, 142, 161, 162, 180
arrendamiento rústico, 180
— urbano, 180, 184
ascendiente, 123
avalúo, 113
beneficio de inventario, 111, 112, 120, 180
bienes de dominio público, 40, 81
— inmuebles, 37, 38, 79, 82, 94, 179, 183
— muebles, 35, 38, 83, 86, 89, 175

buena fe, 17, 76, 84, 93, 181
capitulaciones matrimoniales, 142, 150, 181
caso fortuito, 71, 87, 181
caudal relicto, 144
causa del contrato, 75, 82
causante, 74, 103-108, 111, 113-116, 118-120, 122, 124-133, 135, 137, 138, 143, 173, 179-181, 184
colación, 112, 114
comodato, 39, 88, 89
compraventa, 151, 152, 162, 163, 180, 182,
— a plazos, 182
comunidad hereditaria, 112, 113
condición, 21, 27, 32, 63-65, 80, 88, 93, 97, 99, 106, 107, 121, 125, 126, 132, 147
consentimiento, 43, 47, 48, 50, 51, 53, 54, 57-80, 83, 84, 87, 91, 147, 150, 174, 185
contador-partidor, 113, 120

convenio, 31, 54, 62, 142, 165, 167, 182
curatela, 46, 182
defensor judicial, 46
delación, 106, 108, 132
derecho de representación, 81, 134, 156, 171, 173
— de superficie, 101
— de uso, 105
descendiente, 66, 109, 122, 123, 125, 127-129, 132, 135, 137
desheredación, 130, 131
divorcio, 48, 53, 57-59, 62, 167, 183
doble nacionalidad, 29
dolo, 50, 72, 79, 80, 84, 183
donación, 14, 130, 183
equidad, 17
error, 38, 50, 53, 79, 84
escritura pública, 83, 99, 100, 102, 162, 163
estado civil, 24, 33, 143, 172, 174, 181, 186
evicción, 113, 152, 164
fianza, 96, 147, 148, 184
filiación, 24, 26, 33, 41, 42, 134, 186
fuentes del Derecho, 184
fuerza mayor, 71, 73, 87
gravamen, 97, 98, 126, 159, 187
heredero, 104-107, 109-111, 113, 117-122, 128, 130-132, 144, 148, 178, 180, 184, 185, 187, 188
— forzoso, 114

herencia, 22, 23, 104-122, 125, 128-135, 142, 144, 179, 184-188
— yacente, 184
hipoteca, 99-101, 142, 162, 163, 174-176, 183, 184
incapacidad, 109, 116
incapacitación, 23, 24, 46, 79, 86
indemnización, 92, 148
inventario, 96, 111-113, 120, 164, 182
jurisprudencia, 15, 56, 71, 119
legado, 120-122, 124, 130, 185, 186
legítima, 42, 125, 128-132, 135, 177, 178, 185
liquidación, 55, 59, 62, 93, 112, 113, 152, 167
matrimonio, 13, 24, 29, 33, 41, 47-53, 55, 57, 59-62, 83, 105, 127, 133, 149, 150, 165, 167, 177, 181, 183, 185, 186
mejora, 127-130
modo, 121
nacionalidad, 24-29, 32-34, 157, 181, 184
nombre, 24
nudo propietario, 93, 185
nulidad de matrimonio, 52, 53
objeto del contrato, 77, 79, 81, 90, 158
obligación, 39, 42, 52, 53, 63-69, 71-73, 78, 82, 88, 89, 95, 101, 125, 182, 186-188

ofrecimiento de pago, 73
opción de compra, 102
orden de sucesión, 134, 178
partición de herencia, 186
partida de nacimiento, 186
paternidad, 41
patria potestad, 25, 42-44, 54,
    59, 60, 105, 166
persona física, 93, 94, 108, 186
— jurídica, 21, 34, 93, 108, 186
personalidad, 22, 24, 34, 42,
    105, 108
posesión, 84, 92-95, 101, 169,
    186
préstamo, 39, 67, 79, 88, 99, 100,
    142, 157-159, 162, 174, 186
principios generales del
    Derecho, 14, 16, 68, 184
propiedad, 13
Registro civil, 23-25, 29, 33, 51,
    62, 159, 186
— de la propiedad, 83, 99, 102,
    163, 176, 187
repudiación de la herencia, 109,
    110, 187
responsabilidad civil, 73, 74, 187
retracto, 102
saneamiento, 113, 152, 164
separación conyugal, 53
servidumbre, 38, 66, 91, 97-99,
    187

subarriendo, 168, 169, 187
sucesión
— intestada, 103, 104, 118.
    131, 132, 135-137, 187
— particular, 106, 107
— testamentaria, 106, 109
— universal, 106, 107, 132
sustitución ejemplar, 123, 187
— fideicomisaria, 121, 122,
    130, 188
— pupilar, 122, 123, 188
— vulgar, 121, 122, 188
tanteo, 102
término, 64, 86, 88, 121
testamento, 106, 108, 115
— abierto, 116, 117
— cerrado, 116, 117
— especial, 117
— marítimo, 117
— militar, 116, 117
— ológrafo, 115, 117
tutela, 28, 30, 33, 41, 44-46
tutor, 44-46, 105
usufructo, 89, 93, 95-97, 105,
    125-128, 135, 183, 185, 188
usufructuario, 89, 95-97, 125,
    132, 188
vecindad civil, 24, 29, 143, 149,
    177
violencia, 50, 79, 80, 109
viudedad, 188

www.ingramcontent.com/pod-product-compliance
Lightning Source LLC
Chambersburg PA
CBHW071550200326
41519CB00021BB/6683